トライアスリート／
スポーツナビゲーター 白戸太朗 著

大切なのは「動く勇気」

トライアスロンから学ぶ快適人生術

THE GOOD BOOKS ON THE EARTH
TWJ
BOOKS

はじめに

あなたはいま、どんな状況にあるのだろうか。

仕事もプライベートも絶好調なら、迷わずそのまま突き進めばいい。だが、絶好調とはいえない人のほうが圧倒的に多いはずだ。特に40代、50代ともなると、管理職に就く人が多い。上からは実績を求められ、同時に後進の育成も任される。重責を担わされ、高まるストレス。家に帰れば、子どもとのコミュニケーションは希薄で、妻とも話題が少ない。だからなんとなく自分の居場所が見つからない。そんな人は多いだろう。

健康面はどうだろうか？　この年代になると職場の定期健診で問題を指摘される人がぐっと増える。たとえ血圧や体型などに問題がなくても、「毎朝、仕事に行くのがつらい」など、気分が沈みがちな人も増え続ける。うつ病が多いのもこの年代の特徴だろう。

職場でも家庭でもモヤモヤ感を抱え、仕事をこなしても充実感が得られない。そんな中高年世代の男女にとって、この本がなにかのヒントになればいいと思う。

ぼくは学生時代に出合ったトライアスロンで競技者となり、それこそ数えきれないほどレースに出場してきた。プロ選手としての現役を退いた後は、自分自身の楽しみのために、いまなお世界各地のレースに参加し続けている。ただしプロではないのだから、タイムや距離などの記録だけに追われず、笑顔で完走こそが大切だと考えている。

そんな姿勢で改めてトライアスロンに取り組みはじめると、同じような思いでレースに挑む、一般の方の姿がより視界に入ってくるようになった。だれもが、練習やレースを通して自分に変革を起こしている。スポーツのための小さな習慣や努力が、人生にさえも影響を与えている。

この事実が、もっと広く知られてもいいんじゃないか？　身体を通して心や価値観を前向きに変えられることが分かれば、もっと楽に生きられる人が増えるんじゃないか？　こんな疑問が、この本を書いた原動力になっている。

あなたは、この本を手にしているくらいだから、トライアスロンについて、たぶん、ちょっとは気になっているはずだ。その一方で、「素人でもできるかな？」とか、「これといった運動歴もないんだけれど……」などと、いろんな思いの人がいるだろう。最初に言っておくと、この本はあなたにトライアスロンを始めるように求めていない。この本はハウツー本でも入門書でもない。ただ、もしもあなたがトライアスロンを始めたら、どんなことを体験するか、どんな景色が見えてくるか。それを少しだけお知らせしようと思う。

数あるスポーツの中で、なぜトライアスロンなのかというと、これがやはり大変な競技だからだ。たとえばオリンピック・ディスタンスでのスイムは1・5㎞で、水泳選手以外の人にはとんでもない距離だ。その一方、泳ぐ、バイクで走る、自分の足で走るという行為はとても根源的で、だれだって練習を重ねれば進化していける。マイペースで、自分の身体や気持ちと対話しながら行う大人のスポーツ。錆びつき気味の身体も、ストレスで固くなった頭や精神も、運動が柔らかくほぐしてくれるはずだ。

仕事でも家庭でも行き詰まっている人は、トライアスロンで救われる場面が現れる、とぼくは信じている。いまはまだこの本に書かれていることが必要ない人も、ヒントになる日は来るかもしれない。それも意外と早く……。

目次

Mental

Bonds

第2章 人生をグレードアップするTRIの秘密

第3章 トライアスロンを始める

第1章

「今のあなた」が始めるべき理由

あなたが現在の自分や生活、仕事にモヤモヤしたものを感じていたら、これから始まる26の質問を自分自身に問いかけてほしい。「Life」「Body」「Mental」「Bonds」……あなたを構成する要素を振り返ることで、たくさんのヒントが見つかるだろう。

Life

1. あなたのビールは本当においしいですか？

仕事の後で同僚や仲間と飲むビールはおいしいものだ。「あぁ、特に最初の一杯はこたえられないよね」としみじみ語りだす人もいるかもしれない。ところで、本当においしいビールとは、どんなものか考えたことがあるだろうか？　もちろん、銘柄で味は決まるけれど、ビールの温度やグラスの大きさや形、重さ、ビールの泡立ち具合や気温だって影響するだろう。ビールの味にかかわる要素は、実は結構多い。

だが、味わいに最も強く影響するのは、ビールを飲むあなた自身のコンディションではないだろうか？　思いきり運動した後の充実感、目標に向かって頑張ったという達成感、そして身体を動かすことで開放的になった心をアルコールがいっそう高揚させる。そんなとてつもなくおいしいビールの時間を、ぼくはいつも体験してきた。

一日の締めとして、乾杯のための最初の一杯として、キャンプなどの野外で。ビールほど環境や場面、体調や心理状況などによって味が変わってくる飲み物もないと思う。心身にちょっとモヤモヤが残っている普段の自分ではなく、「全力を出した」と言い切れるスポーツ後の自分が、喉に流し込む一杯。想像するだけでうっとりするだろう。そんなビールに出合うため、あなたもなにかを始めてみませんか？（ただし、運動で汗をかいたら、まず水で水分補給。ビールはその後が鉄則です！）。

Life

2. ここ1年で「頑張った」ことはなんですか?

そう訊かれて、即答できる人は思いのほか少ないのではないだろうか。「いや、毎日しんどい仕事をしてるんだから、それなりに頑張っているつもりだけどね」と、深く振り返らずに答えてしまってはいないか？　その一方で、頑張った手ごたえや成果、その結果としての自分の成長がはっきりと感じられる機会もあまりない。

大人になると、受験勉強のようにはっきりと結果が出る「頑張り」は少なくなる。人間関係や社内の環境などの要素が絡まり合い、ときに徒労感さえ感じてしまう。大勢で取り組む仕事なら、そのあやふや感は一層強いだろう。それに比べて、受験は受験でプレッシャーと闘う苦しさはあるが、「できた」「できなかった」がだれの目にもよく分かり、公平性が守られているし、自分の中での達成感もひとしおだ。

社会人として20年も30年も生きてきて、手ごたえにどこか不満を感じている人は、ここで「仕事」以外の世界に飛び込んでみるのはどうだろう。会社の経営者など人一倍働く人ほど、実は趣味を大事にしている。無心に頑張れるものに打ち込むことが、精神を支え、仕事への原動力になっている。

なにかに挑んで頑張り、それを周囲の人が認めてくれる。それによって、仕事に対してのヒントや突破口が見つかることもあるかもしれない。

Life

3.考えごとをする時間を定期的に持っていますか？

ぼくが現役の第一線を退いたのは30代中盤のときだったが、以来ずっと習慣にしてきたのは朝の30分〜1時間の運動だ。走るか、泳ぐか、自転車をこぐか。いわゆる有酸素運動をしている。たとえ前夜が大宴会で寝起きの身体がグダグダでも、翌朝は必ず身体を動かす。同じ考えの中高年ビジネスマンがほかにもちらほらいて、ベッドの中でダラダラせず、朝早くから練習場所にやってくる。

この毎朝の習慣には意義があると、ぼくは感じている。運動すると、しだいに身体のすっきりしない「澱《よど》み」が抜けてくる。そして、身体がリセットされれば、頭も動きはじめ、しゃんと活性化してくる。仕事に立ち向かう気力も湧いてくる。

そこで、昨日あったことを振り返ったり、今日これからやらなければならないことをざっと整理してみたり。朝の運動のひとときは、ぼくにとっては頭の整理の時間になっている。血流の増加やβ－エンドルフィンの効用で、思考回路がポジティブに傾くのをいつも感じる。

朝、眠い身体を引きずって出社し、机に座って考えても、良いアイデアが浮かばないのはよくあること。ならば、出社前の数十分だけでも身体を動かし、良いアイデアが下りてくるのを待つのも悪くない。

Life

4. 10年後の自分を具体的にイメージできますか？

10年先の自分をポジティブに考えられる人は少ない。「このまま、おっさん（おばさん）になっていくのかな」と思いながら、現れはじめた老眼や出っ張ってきたお腹をもてあまし、生活習慣病の兆しに怯える。これが、一般的な中高年の姿だろう。

しかし、老化に抵抗するために、食事制限だのハードな運動だのを始めるのは大変なことだ。たいていの人は、面倒になって挫折してしまう。ここから抜け出すには、無理をしない範囲でなにかを続け、少しずつ手ごたえを感じていくのがベストだとぼくは思う。いまできることを発見し、現在の自分を肯定することができれば、「10年後の自分だって、悪くはないんじゃないか」と前向きに考えることができる。

たとえば、軽いランニングやウォーキングを毎日の習慣にしてみる。はじめは、「若い頃はもっと走れたのに」と愕然とするかもしれない。でも、そのうちに走れる距離が延びてくると、「自分もまだ捨てたもんじゃない」と思い直すことができる。そしてそのうち、「いま走れる自分」を認めてあげたくなってくるだろう。そこまでくれば、何歳になろうと、自分の可能性を信じられるようになる。

放っておけば老いは進むばかりだ。けれど、自分の身体と対話をして、サビつかないようにしていく努力はできる。これは身体だけでなく、心だって同じことだ。

Life

5. 最近、自然に触れましたか？

都市部では、休日をアウトドアで過ごす人が増え続けている。丘陵や山、海を訪れると、都会から来た人でごった返していることがある。せっかく自然を満喫するつもりだったのに、目に入るのは人ばっかり……。そして、地方の古民家には都市からの人々が移住し、雑誌でも田舎での暮らしが「カッコいいもの」として特集される。

日本人が自然を愛し、なにかにつけて足を運んできたのは昨日、今日のことではないが、それにしても近年のアウトドアブームはすさまじい。そして、あなたもそのブームに惹かれている一人ではないだろうか？　公共交通機関が整備され、タワーマンションにはターミナル駅直結型の物件も増えた。便利、快適の中で人は歩くことさえ少なくなっている。特にホワイトカラーの人は、オフィスのパソコンでネット回線を通じ、対面で会議ができるから、わざわざ足を運ぶまでもない。通勤時間中はスマホでどこかにつながりっぱなしだ。

この便利さは、かえって人間を窮屈な思いにさせる。あなたが原因の分からないイライラに襲われたとき、それを癒せるのは自然だけかもしれない。もし、登山、アウトドアスポーツなどの趣味を一つ持っていれば、あなたはすぐに自然にアクセスし、交流することができる。

Life

6. 子育て後に始められるスポーツを探していませんか？

実社会で活躍してきたビジネス戦士の男女も50代後半ともなれば、そろそろ子どもが手を離れ、自分の時間が増えていくことだろう。会社の定年も視界に入ってくるので、「生活を充実させる趣味や生きがいを見つける」ことが喫緊の課題にもなってくる。

このときに考えるべき条件は、「自分のペースで取り組める」ということ。学生のときの部活のようにライバルに勝つためにむきになったり、身体にムチャな負荷をかける運動は、もう我々には必要ない。日本人は、「苦しい思いをして、目標を達成する」ことに価値を置きたがる傾向があるが、それがかえって、趣味やスポーツに取り組むことへのハードルを引き上げているのではないだろうか。

いまから国体や五輪を目指すわけではない。だれかと競争して1位になることで、自分の存在意義を見つけようとする必要もない。だって、すでに中高年は仕事で活躍し子育てに頑張り、ある程度、人生の課題を達成している人たちなのだから。

長年スポーツの世界に身を置き、その価値を学んできたぼくとしては、日本の社会人たちに、大人なりのスポーツの楽しみ方を知ってほしい。「勝ち負け」を超えて、未知の人や物に出会う喜び。そんなスポーツの素晴らしさは若いときの一時期だけでは十分味わえない。年齢を重ねたのち、改めて取り組んだ大人こそが、実感できるのだ。

Body

7. 毎日、食事の前は お腹が空いていますか？

あなたは、「食事の時間になったから、ご飯を食べる」という生活になっていないだろうか？　サラリーマンをしていると、どうしても「昼休みになったからなにか食べなきゃ」という考え方になってしまう。空腹を感じる前に、スケジュールの一部として食事を摂っているのだ。

でも、長寿の方のお話をうかがうと、「お腹が空いた」という実感があって、しっかり食事を摂っていらっしゃることが多い。食欲がきちんとあるから、一見、年齢に不釣り合いなメニューや量を食べられる。これは、しっかり身体を動かし、内臓も健康であるなによりの証拠だ。身体を動かすためには血液がうまく循環していることが必要で、血流を促すものもまた身体活動。活動することによって代謝がよくなり、ちゃんと空腹にもなる。じっとしていたら血流は悪くなるし、お腹も空きにくい。

かつて、とある合宿で、ランナーとして有名になる前のQちゃん（高橋尚子選手）と一緒になったことがあるが、彼女は普段からとにかくよく食べていたし、激しい練習直後でも食べることができていた。それが彼女の強さの秘密の一端だと思った。

十分活動してエネルギーを使い、空腹の状態でおいしく食事をいただく。そんな生き物として正しい生活ができたら、心まで健康になってくるだろう。

Body

8.ためらわず自転車に乗れますか？

道路事情や駐車場の関係もあり、日本は自転車の普及率がものすごく高いし、乗ったことのない人とはあまり出会わない。しかも自転車というものは、しばらく乗る機会がなくても、ほとんどの人は補助輪なしでまた走れるものだ。それにもかかわらず、大人になると、さして遠くもない目的地でも、つい自動車や電車に頼りがちになる。

東日本大震災が起きた当時、ぼくの移動の足は自転車だった。あの日、膨大な帰宅困難者が発生して大問題になったが、自転車派はいつもの道を走って帰宅できただろう。だから自転車に乗るべきだと言うつもりはないが、もしも電車が止まったら職場から自宅まで徒歩でどれくらいかかるか。自分の生活圏はどこまで広がっているのか。徒歩や自転車で身体に刻み込んでおくことは、万が一のときの不安を軽くしてくれる。

非常時だけではない。連休の高速道路で、「渋滞40㎞」と表示が出たら、普通の人は「これは大変だ！　何時間かかるんだろう」と落ち込むだろうが、自転車に乗る習慣のある人なら、「自転車があれば1時間ちょっとで着く」と落ち着いて判断できるはずだ。自分の行動範囲を体感で分かっているこの感覚。これ、本来は大切なものだと思うが、現代人は忘れているのではないだろうか。

もう一度、自転車に乗ってみませんか？

Body

9.身体の「SOS」聞こえていますか？

風邪を引くと、人間は思考や言動がネガティブになる。体力に余裕がなくなっているから、行動力が明らかに低下する。身体が弱ると、せっかく仲間と集まったのに、「疲れたから、もう帰って寝ます」などと弱気な言葉を漏らし、後になって後悔する。

ぼく自身、選手時代は風邪はしょっちゅう引いた。だが、スポーツをしていると身体の小さな変化に気づきやすくなるので、不調のときも早めにケアし、ネガティブ状態を最小限にとどめることができる。心身が健康な状態を把握していれば、反対に「いまの自分の状態はおかしい」という危険信号が出ても、早くキャッチすることができる。

過労やうつ病がビジネスマンに蔓延し、社会問題になってからだいぶ経つ。心身を病み、退職にまで至った人たちは、おそらく最初の小さな危険信号を見逃していたのだろう。ふだん身体をフルに使っていない人は、健康的な疲労感や、お腹が空いたり、眠くなったりする感覚などを忘れてしまっている。だから、いまの自分はカラダが疲れているのか、ココロが疲れているのか、あるいは疲れではなくストレスなのかさえ、分からなくなる。

身体と心はつながっている。それなら、ぼくは、まず自分の身体を見つめ、感じ、そこから心も含めてケアする習慣をあなたに身につけてほしいと思う。

Body

10. 走るとき、足がもつれたりしませんか？

学生のときは体育や部活でだれもが走っていたのに、社会人になるとたんに走らなくなる。まして全力疾走なんかをするのは、発車直前の電車に駆け込むようなときだけ。ほんの数メートルをドタドタとぶざまなフォームで走る人をよく見かける。

こういう〝走らない〟生活を長年にわたって続けると、人は正しい姿勢で走れなくなるのだ。「颯爽《さっそう》と」「美しく」走れることを諦めればいいのかもしれないが、それは老化を受け入れることを意味する。

若いときの美しい走りは、脳が現場である筋肉とうまく連携を取り合うことで可能になっていた。しかし、いまは〝走れ〟の信号が脳から発せられることはほぼない。だから、その信号を受け止める受容器の感度は鈍くなっていく。これは当たり前のことだ。それなのに、子どもの運動会でいきなり走るから、足がもつれる。そして転ぶ。挙句、なかなかのケガをしてしまい、救急搬送されていくお父さんは、悲しいかな季節の風物詩になりつつある。

でも、そんなお父さんも本当は颯爽と走りたいはず。でも、すでにダメな中年の身体だから、自分のイメージどおりには動けていない。それは動かなかったから動けなくなったのだ。ならば、直すにはただ一つ。走れるようになるように走るだけだ。

Body

11. 身体のケアを病院任せにしていませんか?

20代の頃、腸脛靭帯《ちょうけいじんたい》の炎症に苦しめられた。これは走り過ぎが原因で起こるランナーの職業病みたいなものだ。もちろん、故障はしないに越したことはないが、競技者だったら故障しかねないぐらいまで練習しないとほかの選手には勝てない、ともいえる。このときに世界的にも高名な鍼灸《しんきゅうし》師の先生に診てもらった。先生はいろいろな施術をしてくださったが、「うーん。なかなか難しいな」などとおっしゃいながら、その一方では「鍼治療を続ければ、いずれ必ず治るだろうけど、治った後にそのまま放っておいたらダメで、そもそもなぜ腸脛靭帯炎になってしまったかを考えたほうがいい」と指摘を受けた。

走行時、腸脛靭帯は身体の横ぶれを抑えるよう機能している。ところが当時のぼくは、ハードな練習のわりに下腿の筋力が不足がちだったためにフォームが崩れ、そのしわ寄せが腸脛靭帯に及んでいたのだ。なので、すぐに下肢の筋トレを増やした。

故障が起きたとき、病院で治療してもらうことは必要だ。でも、その根本的な問題は自分自身の中にあることが多い。セルフメンテナンスは身体だけでなく、生活やクセまで知るチャンスだ。言い換えると、故障はもう一段階上がるためのチャンスともいえる。故障したら、しっかりとその根元的原因を探ろう！

Body

12. 毎日、薬をいくつ飲んでいますか？

久しぶりに旧友と会ったり、同窓会などで食事を楽しんだ後に、カバンから白い紙袋を取り出す人を見かける年代になった。医師に処方された薬だ。血糖値がとか、血圧がとか、40代以降になにかと身体の悩みを抱えた人が増えていくのは事実だ。

だが、まだまだ現役世代だから、少々のマシントラブルでピットインしているわけにはいかない。いい薬があるなら、それを飲みつつ、身体をなだめなだめ第一線で戦い続けなければならないだろう。ただ、なにか身体に問題が起きたのなら、ちょっと足を止めて考えてみるべきだと思う。

「そもそも、なんでこんなことになっているのかな?」と。

いまさら言うまでもなく、生活習慣病の大半は毎日の暮らし方がきっかけだから、そこを改善しない限り、解決を先送りしているだけだと思う。

ある大手製薬会社の方とお会いする機会があって、お話をうかがっていたら、「どんなに高価な医薬品より運動のほうが健康効果は高い」と断言された。たとえば、運動で肥満を解消できたら、それによって糖尿病、高血圧などの薬を減らすことができるかもしれない。生活習慣の改善こそが、生活習慣病の究極の処方薬。そこから逃げていては根本解決は叶わないと思う。

Body

13. 胸を張って同窓会に出席できますか?

同窓会やクラス会などで、10～20年も会っていなかった友人に再会すると、変化に驚くことは少なくない。自分の姿は鏡で毎日眺めているから、変化は分かりづらい。でも、旧友は昔の姿しか比較材料がないから、その大きなギャップにギョッとしたりする。

そんな同窓会で、あなたはどんな位置にいるだろう。昔とさほど変わらず、若々しく生き生きとしているだろうか。それとも実年齢よりはるかに歳を取ったような、よくいえば貫禄がついた様子だろうか。仕事なり、趣味なり、自分の本当に好きなことに打ち込めている人は、目の輝きが違う。そして、その好きなことがスポーツならば、影響は身体にも現れる。

こうした場は、生き物としての通知表を突きつけられる瞬間といってもいいだろう。いい時間を過ごしてきた人は、異性の目から見ても魅力的で、妻や夫にとっては自慢のパートナーだ。さらに、そうした人は職場でも人を惹きつけ、ビジネスも順調に発展していく。なにかに打ち込めている人の周りに、自然と人は集まる。

そして、人生はいい方向へと転がりだす。これは間違いないと思う。

Mental

14. すぐ「イラッ」としていませんか？

電車が遅延すると、すぐに駅員にかみついたり、混雑した車内で周囲の人に対して険悪なオーラを放つ人がいる。「困った人だ」とも思うが、どこか理解できなくもない。そもそも、赤の他人が至近距離にいるだけで、人はストレスを感じるものだ。密着しても、家族や親しい人ならば、そんな気持ちには普通ならない。

狭いところに閉じ込められ、ようやく職場にたどり着いても、勤務時間中は自分の席に縛り付けられ、背中を丸めて長時間のデスクワーク。これでは他人や物に八つ当たりもしたくなるというものだ。

こうしたことで悶々としている人は、休日に正反対のことをやるといい。狭いところから飛び出し、自然の中で身体を動かし続けるのだ。気持ちも身体も自然の中で解放し、思いきり汗をかくと、心の澱みはなくなり、ストレスはぐんと軽くなる。休日に発散できれば平日もストレスが溜まりにくくなるのだ。

「弱い犬ほどよく吠える」と昔からいわれるが、スポーツで身体をじっくり動かして鍛えると、おのずと精神力も培われる。身体も精神も強靭になるから、怒りも攻撃性も湧きにくくなるのだろう。精神力も実は体力のうちだと、ぼくは感じている。

Mental

15. 仕事で頑張った成果は出ていますか？

大きな組織の中で働いていると、自分は一つのパーツに過ぎないように感じることがある。事業の最初から終わりまで全体を見渡す機会がないから、なにかをやり遂げた充足感を得られないことも多いだろう。

そんなとき、自分の仕事とは違う世界を覗くことは、とても刺激になる。ビジネスマンで、畑を借りて休みのたびに通っている人が増えているが、これは畑仕事を通して、「1から始めて成果が出るまでたずさわる」という体験をしたいからではないかと、ぼくは思う。もちろん、自然に触れることも大きな癒しになっているのだろうが。

会社を離れると、さまざまな気づきが得られる。畑仕事なら野菜の成長ぶりが「頑張り」の成果を教えてくれるし、スポーツなら自分自身の肉体が努力の成果を教えてくれる。それを感じられることができたら、しめたものだ。普段自分がやっている仕事もマンネリ作業ではなく、「成果」の一部分を作り上げているのだと、実感として理解できる。

自分が所属する組織内で生きていくためだけの仕事。そう考えるとやりきれないが、あらゆる人の「頑張り」の積み重ねで仕事は成り立っているのだと気づけたら、取り組み方も変わってくる。そして、ちょっとアプローチを変えて工夫してみるなど、マンネリを脱する意欲も湧いてくるだろう。

Mental

16. 憧れや思いつきを放置するクセがついていませんか？

「どうせ休暇なんて取れないんだから、旅行なんて夢見てもムダ」

「仕事や家庭の用事で手いっぱい。これ以上、なにかをするなんてムリ」

そう考えているうちは、なにも動き出さない。だいたいの場合、思いつきを実現する人というのは、暇なわけでも環境に恵まれているわけでもない。違うのは、精神的に柔軟でフットワークが軽いこと。その点、ぼくがいつも感心するのは、世の女性たちだ。

ぼくたちが運営するスクール「アスロニア・トライアスロンアカデミー」にも、スポーツ歴ゼロの女性が訪ねてくることがたびたびある。これはなんらかのスポーツ経験者が多い男性とは対照的だ。「大変そう」「難しそう」と萎縮するのではなく、「なにか楽しいことが待っていそう」という好奇心で来店する女性は、男性よりもずっと多い。

いままで運動らしいことはやってこなかったのだから、本当は目の前の新しいドアを開けることに抵抗感もあるはずだ。それでもドアの向こうを見たことがないからという興味、好奇心だけでドアを開けて、ぽんと飛び出ていく。

どんなジャンルにしろ、始めるときが一番不安だ。でも、それでも挑み続けていると、いままでの行動パターンに囚われなくなり、新しいドアを開けるときのハードルはどんどん下がっていき、最後には消滅する。

Mental

17. 仕事のアイデアを刺激してくれる友人はいますか？

いまビジネスの世界では、現業からは縁遠い分野の技術や人材とのコラボで次々と新しい事業が生まれている。たとえば、がん治療とＡＩのコラボが有望らしいと聞く。家電メーカーと自動車メーカーがコラボで電気自動車の開発に乗り出す話も報じられた。こうした新事業を生み出すには、同業者や社内の人たちとばかりつるんでいたらダメだ。どんどん外に飛び出していき、異分野の人と出会うことが必須になる。

だが、こうした出会いはなかなか難しい。異業種交流会みたいなところに出かけて行って、名刺交換したからできるというものでもない。かといって、仕事上のつき合いの人とばかり会っていても、出過ぎたことは互いに言わず、どこかちょっと遠慮してしまうものだ。だから、がっちり対峙する〝仕事モード〟ではなく、互いに緩く交差しているような〝オフ〟に近い状況で対面するのがベターだと感じている。

それには趣味をベースにした仲間がお勧めだ。特定の種目の愛好者が集まるコミュニティなら価値観も近く、気兼ねなく話し合える。特に男女の別なく取り組めて、参加者の年齢層の広いものが狙い目。ぼく自身、老若男女、実に多彩な顔ぶれが集うコミュニティの中にいる。日々、畑違いの人たちの会話や、自分には想像もできない生き方に触れていると、それらが仕事への新しいヒントにつながってくることもあるのだ。

Mental

18.スケジュールを組み立てて行動するのは得意ですか？

運動の効果には行う時間帯は関係ない。忙しい大人であれば、なおさら都合の良いときに行うことをお勧めする。実際、スポーツを愛するビジネスマンたちは、それぞれが朝、昼休み、退社後、ときには仕事中のすき間時間を利用して練習をしている。

一度、「上達したい」「記録を上げたい」という思いに火がつくと、自然に自分の生活を見直し、練習のチャンスを探すようになる。そこには、「本番でのベストパフォーマンス」というゴールに向かってスケジュールを組み、練習を積み重ねていく充実感がある。

スポーツは体力づくりやストレス発散だけが長所ではない。ビジネスマンとしての能力も磨いていくはずだ。積極的に効率を考え、工夫しないと、限られた時間で本番に出られるレベルに自分を持っていくことはできない。納得いくまで練習でき、体力もあり余っている学生とは違う。

そして、大会当日や試合中も戦略を組み立て、実行することの繰り返しだ。仕事以上にその力が明確に試され、その分、達成したときの喜びも大きい。

現在、日本でも、起業家や経営者の間でスポーツは人気だ。それは彼ら、彼女らが、こうした自分をレベルアップさせる特性に着目しているからに違いない。

Mental

19. 若いときとは違う「いまのあなた」の強みはなんですか？

40代を迎える頃には男性も女性も、年齢を強く感じるようになるものだ。無理をすれば、てきめんに翌日ダメージを引きずるし、徹夜はきかなくなるし。動物としてのピークは男性だったら20代後半、女性ならば前半だそうだ。それ以降、人は年々基礎代謝が低下し、衰えていく。それでも人間社会の中では、年齢を重ねるほど責任が重くなり、プレッシャーがのしかかる。

あなたは、いま、なにを自分の支えにしているだろうか？　もし、あなたがかつての自分と現在の自分を比べて、自信をなくしたり、焦りを感じているとしたら、視点を変えることをお勧めしたい。失ったものより、年齢とともに重ねた価値を探してほしい。

ぼくは一線を退いた後も練習は続けているが、どう考えてももうピークは過ぎて、下り坂どころか下りきったぐらいに落ちている。ただ、体力や筋力が昔ほどないにしても、長年の経験はぼくの中に蓄積している。おかげで、失敗や故障も多かった選手生活から学んだことを後進に伝えることができるし、東京都議会の議員という新たな仕事でも、過去の経験を生かして自分なりのアプローチを考えつくことができる。

体力ではなく、時間と経験で育てられるもの。これこそ、いまのぼくの強みといえるかもしれない。

Mental

20. ネガティブ思考がクセになっていませんか？

こういうクセはなかなか直らない。では、処方箋はないものか？　ぼくとしては、あえて自分を大変な状況に追い込んでみるのも手だと思う。

自然を相手にしたスポーツでは、よほどキャリアを積み重ねた選手でもないと、想定外の連続だ。気温や風、天候などのせいで、自分ではどうにもできない変化が起きてしまう。予測できないことが刻々と起こり、それは往々にしてネガティブな気分を呼び込む。

もちろん、環境要因以外にも自分自身のちょっとしたミスやアンラッキーなトラブルにも見舞われるだろう。しかし、こうした場面で、「しまった！　もうダメだ」などと思っていたら、そこから先の長時間を戦い抜くことなんてできない。給水所でボトルを落としてしまっても、次の給水所でもらえばいい、コースをオーバーランしても「いますぐ戻ればなんでもないや」「ほかの人より景色を楽しめた」などと気持ちをどんどん切り替えて、ネガティブなことをポジティブに変換していくクセができてくる。

やっていることは身体を動かしていることだが、実はメンタルトレーニングでもあるのだ。こうした発想の切り替えが習慣づけられると、仕事をはじめ、日常生活にもポジティブに取り組みやすくなる。

Bonds

21. 〝絆〟は精神的な言葉だと思ってませんか？

〝絆〟を英語でいうと、家族の場合はtie、友人などとの絆の場合はbondが主に使われる。ここでは広い意味で〝絆〟を書きたかったので、見出しを「Bonds」としたが、もちろん家族も大事な絆で、人間に欠かせない居場所の一つだ。

「家族の絆」というと、とても抽象的な話に聞こえるかもしれないが、さにあらず。もっと現実的な面でも、家族の絆は大きな効果を生むのだ。家族がいると、生活習慣が自然に規則正しくなる。朝起きる時間、食事を摂る時間、眠る時間などにリズムができ、強制的に自分を健康にしてくれる。

そして家庭外の友人などとの絆も、自分を動かす強制力になってくれる。

本章の16で、「好奇心のドア」について書いた。このドアは、意識的に開ける機会を作っていかないと、錆びついて開閉しにくくなっていく。だから、ドアを開けることを促してくれる友人、一緒にドアの向こうに踏み出してくれる友人を作り、自分の可能性をどんどん広げていこう。たとえ自分一人では腰が重くなりがちでも、だれかに巻き込まれる形で飛び込んでしまえば、案外スムーズに行動できる。

ぼくは、人間を作る環境で大事なのは、occasion,location,memberの3要素だと思う。それらがポジティブな力に満ちた場所なら、きっとあなたを成長させてくれる。

Bonds

22.「集団は面倒だけど、一人もイヤ」と思っていませんか？

大人になると、周囲に合わせて行動することを窮屈に感じてしまうものだ。そして一方で、人は基本的に寂しがり屋だ。たとえ、「集団に守ってもらいたい、助けてもらいたい」などと期待していなくても、ただ周りに同じ立場の人たちがいて、お互いに頑張っていることを確認し合えたら、それだけで励まされる。

仕事がフリーランスの人も、個人競技のスポーツをしている人も、いま恵まれていると思うのは、インターネットのブログやSNSがたくさんの人に利用され、情報交換できることだ。知識が豊富な人に困ったときには相談できる、そんなところも大きな利点だが、なによりうれしいのは、自分と同じことに打ち込んでいる人間と気持ちを共有できることだと思う。我々は孤独だが、一人ではないことが分かるのだ。

社会人は多忙だから、せっかくスポーツを始めても練習会に出られないときがある。一昔前なら、そのまま挫折してしまっていただろう。だが、いまは、一人で自主練したとしてもSNSやLINEなどで互いの活動を確かめられる。可能な範囲で無理せずに仲間と刺激し合えるコミュニティ。この程よい距離感は、まさに大人のためのものだ。

「あいつも頑張っているようだから、自分も今日は頑張れそうだな」

そんな気分を、仕事以外の場でも味わってみたいと思いませんか？

Bonds

23. ふた回り以上年下の友人はいますか？

日本人は男女を問わず世代の近い人で群れがちだ。職場なら20歳以上若い部下がいるかもしれないが、それは友だちとは少し違う。たとえ関係が良好だとしても、そこには若者への遠慮があり、部下からも「目上の人なんだから、余計なことは言わずにおこう」というオーラをひしひしと感じる。距離感はなかなか縮まらない。

なにも分かち合っていない2人が会話をするのはなかなか難しい。たとえば、ぼくだって10代の若者と1時間しゃべってくださいと言われたら、それはそれで大変だ！だが、相手が、もしなにかスポーツをやっていたら、そこには必ず共通の価値観があるはずだから、世代を超えて盛り上がる可能性も考えられる。

仕事を離れた場所で、年齢層の幅広いグループに足を突っ込んでいる人は、他人とつながる糸口をいくつも持つことができる。また、子どもとの関係に悩む人は、案外年下の友人からヒントをもらえるかもしれない。世代が近い者同士が群れるのも楽しいが、新しい話は出てこないし、えてして外を見たがらないから、自分たちの常識が外の世界でも常識だと思い込みがちだ。ここからなにかのヒントが得られそうには見えない。

ちなみに、ぼくには年の離れた友人、知人がたくさんいて、いつも刺激と発見をもらっている。あなたはどうだろうか？

Bonds

24.家族全員で旅行に出かけたのはいつですか？

一般的なご家庭ではそうだろうが、子どもが小さいうちは無理をしてでも両親はあちこちと旅行に連れて行くもの。しかし、少しずつ大きくなっていき、思春期でも始まれば、子どもはもう親と一緒には行動したがらない。自然と旅行は減りがちになるだろう。

けれど、ぼくは連れて行った。ぼくがハワイのアイアンマンに出るので、「ハワイに行こうよ」と誘ったのだ。これは皆さんにお勧めです。ハワイに行こうと言われて、首を横に振る家族はあまりいない。奥様方なら免税店での買い物が楽しみだろうし、子どもたちにも名の通ったハワイは魅惑の外国だから、思春期になってもついて来るはず。

そこで、全世界から集まってきたレースの参加者たちの猛烈にポジティブなエネルギーに触れれば、言葉なんかわからなくても即座に身体でなにかを感じるはずだ。

将来のために進学塾に行きなさい、このお稽古事をしなさいだけでは、言われた子どもは疲れて仕方がないと思う。けれど、前向きに人生を謳歌しているぼくたち親世代の姿を見せれば、きっと「大人になるのも楽しそうだ」と思ってくれるだろう。一番大事なメッセージが一瞬にして伝わるとぼくは思っている。

Bonds

25. 自分の「仲間」を子どもに紹介したことはありますか？

スポーツの大会などに家族を連れて行くと、現場にはぼくの仲間がたくさん来ていたりする。話にはなんとなく聞いてはいても、会話の中によく出てくる人がどんな人か、家族もそこで初めて分かる。

子どもにしてみれば、父親が家とはまったく違う表情を見せて、なにかを一生懸命やっている場面を目にする機会は滅多にない。父親の真剣な姿は、子どもにとって新鮮で印象深いだろう。レース後にも、仲間が「シラトさん、頑張ってたね！」みたいに話すのを聞けば、父親の株も上がろうというものだ。

このようなことでもないと、自分の友人を子どもに会わせるときというのは、だいたいお酒が入っているパターンが多いんじゃないだろうか。自宅に呼んで宴会などのパターンである。それも悪くないのかもしれないが、親としては、ときには大人のカッコいい世界を見せたい。

ぼくたちの世代は、仕事と趣味のスポーツを両立している人が多い。歳を取ってきて、最近は親子2代で大会に参加する人も増えてきた。小学生の子どもでも、年齢に応じた種目に全力で挑んでいる。こういう姿を見ていると、「親の頑張っている姿が、子どもの可能性を広げるんじゃないかなあ」とぼくは感じるのだ。

Bonds

26. 毎日15分以上、夫婦で話せていますか？

これ、多分両極端に分かれるのではないだろうか。とてもよくコミュニケーションの取れているご夫婦と、まったくなご夫婦と。日本人は、「別に夫婦別行動でも構わない。お互い、仕事や家事をやってくれれば、文句は言わない」という夫婦も多い。

しかし、夫婦仲を甘く見てはいけない。日本では、自殺が多いのは圧倒的に40代〜60代の男性で、しかも独身者は危険だという。「職場命」のような人が、環境が変わって会社で居場所がなくなり、しかも家庭もなかったら、精神的に行き場がなくなってしまうからだ。家族や夫婦の絆は意識的に守るべし、である。

いま、男性がなにかを始めたいのなら、思い切って奥様を誘ってみてほしい。前に述べたように女性は好奇心が強くて、精神的に柔軟な人が多いから、未経験の趣味やスポーツでも案外乗り気になってくれる。さらに、趣味は発表会や大会など、旅行のチャンスもくれる。夫婦で一緒に旅行すれば絆はさらに深まるし、そこで得た思い出は、のちのち話のネタにもなる。

なにより、パートナーを巻き込んだほうが男性も間違いなく取り組みやすくなる。逆に、ご理解を得られないと、なにごとも非常に困難になるだろう。「また家族を放り出して、自分だけ外出ですか」みたいな空気になったら大変ですよ！

第 2 章

人生をグレードアップするTRIの秘密

TRIとは3のこと。スポーツを始めると変化してくるのは、身体だけではない。トライアスロンの世界に踏み込むほど見えてくる新しい感覚と発見とは？　本章の「TRI Level 3」までを実感することができたら、あなたのこれからの数十年は、かけがえのないものになる。

15th

TRI Level 1

年齢を重ねても「進化」はできるのだ

「大台に乗る」という言葉がある。20歳になったときはあんなに嬉しかったのに、40歳、50歳、60歳となっていくと誕生日に暗い気持ちになる、と打ち明ける人は、男女を問わず多い。でもそこで、すべてを諦めるから人生が重たくなってしまうのだと思う。なにか一つでも、「まだいける！」と思えるものがあれば、人間は強くなれる。特に女性が何歳になっても外見を磨くのは、そんな前向きな意志の表れかもしれない。

自分の身体に自信を持ちたいなら、ぼくは、まずウォーキングから入り、慣れたらランニングをすることをお勧めしたい。たとえばランニングで、はじめは1㎞しか走れなかったとする。でもその人が、もしも5㎞走れるようになったら、進化を感じられるだろう。いや、10年後に相変わらず5㎞しか走れなかったとしても、それも立派な進化だ。なぜなら、10歳も歳を取ったのに、10年前と同じことができるのだから。

「老化は足から」とはよくいわれること。下腿の筋肉が衰えると、ちょっとした高低差に足をとられて転んだりするし、骨折で寝込めば、身体はどんどん弱っていく。もし、あなたが年齢のことでちょっと弱気になったら、明日の朝から少しずつ走ってみてほしい。「確実に、自分は進化に向かっている」と心の中で唱えながら。

ただ、身体は正直。いきなりではなく少しずつが成功の秘訣だ！

進化するほど人間の本能を呼び戻せる

山中を走るトレイルランニングやマウンテンバイク、サーフィンやトライアスロンに人が集まっている。一方、スタジオやジムにこもってするスポーツには、かつてほどの勢いが感じられなくなっているようだ。

生活がＩＴに囲まれるようになって、自然から遠く切り離された現代人は、心のどこかで自然とのつながりを取り戻したいと願うのだろうか。アウトドアを満喫できるスポーツで、ある種のバランスを取り戻そうとしているように見える。

普段、自然に囲まれて生活できる地方の人は、ぴんと来ないかもしれないが、都市部のホワイトカラーには圧倒的にアウトドアが人気だ。といっても、浜辺でただぼうっと海を眺めているだけでは寂しいから、少しアクティブを心がけてサーフィンをしたり、泳いだり。自然の懐に抱かれるスポーツはＩＴ社会への処方箋になるはずだ。

これは余談だが、海で泳いだら花粉症がラクになったという話を聞くことがある。体内のバランスを正常に戻す力が、海にはあるのだろうか、と思わずにいられない。

自然とのつながりを取り戻す具体的な方法を身につけておくのは、幸せでいるための重要な鍵になってくると思う。

進化に必要なのは「3つも楽しめる!」という意識

トライアスロンと聞くと水泳、自転車、ランニングとハードな種目の3連続という側面にばかり目がいってしまい、未体験者は恐怖に囚われたり、漠然とした不安の塊に飲み込まれがちだ。これは考え方の方向性を勘違いしているに過ぎない!

3種類の遊びのカードをもらった、と考えてほしいのだ。学校の部活では部をかけ持ちしようとすると「1つの種目に絞って、やり通せ!」みたいな指導を受けたものだけど、社会人が楽しみとして取り組むスポーツなんだから、3つやったっていい。週末にまとまった時間が取れそうなら、自転車で郊外までロングライドを楽しんだり、外が雨なら屋内プールでのんびり泳ぐ。生活のリズムを作るために、朝は少しだけランニングするなど、ガチガチのノルマにせず、ライフスタイルに合わせて楽しくやればいいと思う。

関係ないように見えても、実は個々のスポーツには共通点は多いし、いろいろな種目をやったほうが、それぞれの種目のスキルやパフォーマンスは高まりやすい。かくいうぼく自身、学生時代に主として取り組んだクロスカントリースキーのオフシーズンに補強運動としてトライアスロンを始めたという経緯がある。3種目といわず、もっとあってもいいとさえ思う。

英語を勉強するなら、似ているところのあるスペイン語も同時に習ったほうが、飽きがこないし頭に入りやすいはずだ。これと理屈はまったく同じです！

運動経験ナシでも、もちろん進化可能！

初心者がトライアスロンの練習会に参加すると、周りの人たちのレベルの高さに圧倒されるかもしれない。まして「運動経験はないけど始めたい！」と思って参加した人なら、なおさら気後れするだろう。

だけど、結局は先に始めたか、ちょっと後から始めたかの違いだけなのだ。運動経験ナシの人でも、少し時間がかかるかもしれないけど、必ずできるようになる。特に持久系の競技はそうだ。素質の影響をゼロとは言わないが、練習をやったか、やらなかったかだけで、やればだれでも成果が出てくる。

しかも日本人は、泳ぐことも走ることも小学校から体育でやっているし、子どもの頃は、遊びに行くのも塾に行くのも自転車を使っていた人は多いはずだ。だから実は、ぼくたちはトライアスロンの下地をすでに身につけているといえる。

新しいことを習いはじめて、最初はできなかったことが、練習を重ねてできるようになっていくというプロセスは人に自信を与える。これは、子どもの頃はだれでもなんども経験するが、社会人になってから経験する人は意外と少ないだろう。何歳になっても、自分が成長し、できなかったことができるようになるという体験は、無性にうれしくなるものだ。

好奇心こそがあなたを進化させる

ぼくはいままでホノルルでいろんなイベントに関わってきたが、マラソン大会のランナーたちに比べ、トライアスロンの参加者たちは、レース後も元気な人が多い。テンションが高いまま、「これからゴルフに行こうぜ」とか「サーフィンを楽しもうよ」

みたいな調子で、その日いっぱいを存分に楽しんでいた。

トライアスロンは3つの種目ごとに使用する身体の部位が異なるため、疲労が分散できるという利点があるせいだろう。ランニングは、脚の特定の部分にばかり負担がかかってしまう。そして疲労が少なければ、精神的にもすり減りにくい。だから、完走直後に、「次になにをやろうか」などと考えられるのだ。

トライアスロンを完走できた勢いでゴルフやサーフィン、やったことのない新しいスポーツに足を踏み入れ、また新しい世界が広がる。そこで人との出会いもあり、人生がより豊かになる。

これはあくまで一例で、マラソンとトライアスロンのどちらがスポーツとして優れているかという話ではない。だけど、人間は体力に余裕があれば、精神にも余裕を持てるのだな、と面白く見てしまうのだ。

進化のルールは自分と他人を比べないこと

ぼくが現役だった頃、レースで周囲を見渡しても、「あいつはライバルだ」とか「あいつと戦って勝たなくちゃ」とかいったカリカリした雰囲気は希薄だった。現在は、プロとして活躍する人が増えたから少し違うかもしれないが、それでもほかのスポーツよりは、「他人と競う」という意識はあまり強くないようだ。

ましてや一般的な愛好家であれば、長い競技時間を自分の能力以上のペースで進み続けることはできない。また、レースでは「完走できたすべての人が勝利者」という考え方がある。だから、自分なりの力量でゴールできれば、それでOKなのだ。だれもが自分と戦い、自分のペースで挑むべきだ。

人間は自分の成長を実感できたときが一番幸福な瞬間だと思う。だから、他人の成績と比べることなく、自分の変化を感じながら、レースを満喫するべきだと思う。そういった姿勢でトライアスロンと向き合えば、故障とも縁遠く、長く楽しめるに違いない。

ましてや人生の曲がり角にさしかかりつつあるアマチュアやビギナーが、タイムや着順に囚われるなどナンセンスだし、アクシデントも招きかねない。

TRI Level 2

身体が動けば、思考、性格も変わりだす

もともと考え方がオープンで好奇心が強い人は、トライアスロンに挑戦しやすい。一方、「石橋を渡らずに叩きすぎて壊す」などと自称するような、不安から二の足を踏む性格の人もいる。けれど、こういう人が背中を押されて、あるいは「エイッ」と思い切って一歩踏み出すと、周りを驚かせるほど変化していくことがある。経験とはすごいものだ。身体だけでなく、性格さえも変えてしまう。

身体と心は連動しているから、どちらかにドライブをかけるともう一方もつられて動き出す。ネガティブな思考傾向や性格を変えたいからと頭であれこれ考え、心を意図的にコントロールしようとするのは難しいけれど、身体を活発に動かすことで心を動かし、ポジティブな状態に持っていくのは、実はやりやすいことだ。

動かしているのは身体だが、それが気持ちのトレーニングにもなる。これは、体温上昇など身体の代謝による効果なのか、それとももっと不思議な心の仕組みか、おのずと感覚まで変化する。

ぼくが指導した初心者の方の中にも、表情やふるまいが快活になった人が多くいるし、実はプロの選手にだって、そういう人がいるのだ。

身体全体で世界のスケールを測る

第1章でも触れたけれど、ぼくは数年前まで自転車が移動手段で、毎日のように東京を走り回っていた。ぼくの頭の中には都内の道路がマッピングされていて、目的地が決まれば、即座に一番走りやすく距離も最も短いルートが思い浮かんだ。目的地までの時間も、かなり正確に予測できた。

ぼくは自転車に乗りながら、毎日その距離を身体全体で感じていたのだ。脚の疲れ具合や、場所ごとに肌に感じる空気の違い、目から入る情報……。そういったものが、ぼくの身体に記憶として刻み込まれ、いざ「どこかに行こう」と思ったときによみがえる。また、「青山」「新宿」などの東京の中心的な街は、自転車で実際にそこを走ったことがあるから、身体全体でそのスケールを覚えている。

自転車は不思議な乗り物で、徒歩よりも速く移動できるのに、場所や距離の感覚はちゃんと身体で感じられる。トライアスロンのレース中でなくても、普通の自転車で道路を走っているだけで、街のスケール、もっといえば世界や地球のスケールを身体で測っている気分になれる。

自分のいる世界の大きさが分かる。これは、動物として人間に本来備わっていた感覚ではないだろうか。ぜひ、その気持ちよさをご自身の身体で味わってほしい。

運動習慣はすき間時間を利用するべし

陸上競技の経験者と話をすると、同じスポーツなのに、思いもよらない苦労話を聞くことがある。まず、身体の特定の箇所ばかり使うので、そこを故障すると練習できない。練習場所も、屋外なら雨や雪が降ったり、足元に残っていてもダメ。一方、球技をしている人は、まず参加する全員のスケジュールを合わせて、コートを押さえないといけないが、社会人だとそれも難しいとこぼす。現役世代だから、みんな基本的に忙しいのだ。

その点、トライアスロンは自由度が高い。雨が降ったらプールに行けばいいし、その後はジムでバイクマシンをこいで、最後にランニングマシンで締めたら、それで3種目制覇だ。これだってトライアスロンではないか！　また、前述のように、コミュニティに参加しているからといって、いちいち集まらなくて十分だ。ちょっとした空き時間に、そのとき自分ができそうな種目を選んで、短時間で集中して取り組めばいい。

運動の話になると、「時間がなくて」という訴えを必ず耳にする。でも、トライアスロンなら、そんな悩みを解決できる。すき間時間にできる運動をすればリフレッシュできて、その後の仕事もはかどるだろう。

ゴールの設定で、身体も頭もクリアになる

なんのためにという自問自答がなく、英会話のスクールに何年も通いながら、一向に上達しない人をたまに見かける。この先、英語を使わなければならない状況や予定もなく、英語の勉強を続けることはできないと思う。

同じことはスポーツクラブにもあてはまる。クラブによっては、毎月10％ぐらいの会員が退会してしまうところも少なくないそうだ。なんとなく「痩せたい」ぐらいの動機で入会すると、最初のうちは気持ちのいい汗をかけたことだけで満足できても、いくらか身体が引き締まった後は目立った成果も出なくなり、足が遠のき、休眠会員になりやすい。マッチョになりたくて入会した人も、ある程度まではマシンの負荷が上

がっていくのが面白いだろうが、やはり限界がある。すると、やめてしまう。

これを避けるには最初にゴールを設定するのが一番だ。たとえば、トライアスロンを始めるにあたり、半年後のレースにまずエントリーしてしまう。ゴールが明確ならそれまでになにをするべきか、おのずと見えてくる。するとやるべきことは、一つひとつのミッションを限られた時間内にいかにクリアしていくか。問題は個別に撃破していくのが間違いのない攻略法だ。

もちろんこれはトライアスロンでなくとも、山登りでもウォーキングイベントでもなんでもいい。要は明確なゴールを設定すること。すべてはそこから始まるのだ。

運動にも、経験を重ねた「大人の戦略」がある

現役のアスリートたちは最高レベルのトレーニングを最大量こなそうとする。少々の無茶は若さで乗り切ろうとする。ぼくもそんな時間を過ごしたものだが、先に白状したように、いまは毎朝30分~1時間程度の運動ぐらいしかできない。まとまった時間をとるのは社会人にはたしかに難しい。

そして、動物としてのピークをとうに越え、しかも忙しい大人は、限られた時間と体力で効果的なトレーニングを目指さなければならない。それには戦略が不可欠だ。学生時代の合宿みたいな真似はできないのだ。運動量を無謀に増やせば、つけは必ず返ってくる。疲れを引きずり、仕事に支障をきたすようでは、社会人として失格だ。

でも、そうやって研究し、フォームや動きを最適化、効率化していくと、大人なりの進化というものが手に入る。レースでは、その大人の特性が発揮される場面が多い。成熟した大人は、エネルギーを浪費するような動作をせず、ペース配分を考えて体力を温存し、身体を痛めたりせずにゴールに達する。

力で押せた20代の頃は、当然そんなことはまったく意識せず、不足のある部分は力で押し切っていた。だからムダも多かったに違いない。あのときの自分に、もしもいまの知恵を伝えられていたら、もう少し世界に近づけていたかもなとも思う。

運動こそ心身の良薬なり

近年のアメリカでは、全米スポーツ医学会（ACSM）が「Exercise is medicine（運動は薬だ）」と主唱し、国民に運動を推奨している。実際、町中で派手なスポーツウェアをまとった中高年男女が、嬉々としてスポーツに興じている様子をよく目にする。老夫婦が並んで走っている姿なんて、本当にほほえましいものだ。

なのに、そういう光景を見ると日本人の中高年は、「こんな緩んだ身体に、あんなタイトで派手なウェアはとても着られない。人に見られたら恥ずかしい」などと言う。実はだれも見ていないのに、むやみに人の目を気にして運動のチャンスを逃しているのが日本人だ。「いつか、スポーツウェアが似合う身体になったら運動します」と言う人は、多分これからもずっと運動しないだろう。

運動の健康効果は近年、飛躍的に解明が進んでいる。でも、そういう情報や論文を追っかけなくても、少し動けばその効果はすぐ感じられるはずだ。たとえば、いまの日本では中高年にうつが増えているそうだ。症状が重い人は別だろうが、うつにつながるようなストレスや落ち込みさえ、身体を動かすことが良い影響を与え、すっきり軽くなってきたりする。この効用はすでにエビデンスが発表され、うつの処方に運動を指導する精神科医も増えてきていると聞く。運動療法は薬のように副作用なんてなく、メタボやうつだって回避できるのだ。

TRI Level 3

個人スポーツだけど
団体スポーツでもある

トライアスロンではどんなにつらくても、だれかのアシストを受けてはならない。スタートからフィニッシュまですべて自力で突き進むのが基本だ。周囲に大勢の参加者がいても、ひどく孤独を感じるときはあるだろう。持久系競技はみんなそうなのだ。遠いゴールまで自分との戦いがひたすら続く。

そんな状況では戦友がほしくなる。別につきっきりで並走してくれなくても、同じレースのどこかで自分と同じように戦っている、志を同じくする仲間を自然と求めるようになる。だから、レースという孤独な時間の中で、仲間がいることで苦しみはシェアされ、分散される。そして、レースが終わった瞬間にまた集まって、「あそこ、辛かったよな～」とか「やっぱり練習しないともうダメだわ」などとレースを振り返るのだ。

個人で参加しても、完走できた喜びは仲間とシェアできる。トライアスロンは個人競技と団体競技のいいとこ取りができる競技だ。それはフィニッシュにも表れる。不思議なことにトライアスロンでは、達成した感動に涙する人よりも、笑顔の人が多い。お互いに完走したことを讃え合いたいという気持ちが笑顔にさせるのだろう。あの空気感はなんともいえずいいものだと思う。

運動中は、「マインドを整理」する時間を持てる

長距離を競うスポーツ選手の中には、レース直後のインタビューでも澱みなく話せる人がいる。すでにレース内容の分析を終えていて、傍から見れば「なんて頭の回転が速い人なんだろう」と感心するかもしれない。しかし、ぼくは実体験として知っている。競技時間が長いとは、考える時間が長いこととイコールなのだ。

もちろん練習のときなどは競技のことばかり考えるのではなく、ぼくが毎朝やっているようにその日のスケジュールを頭の中で整理したりと、人さまざまだろう。無心になって単調な運動に取り組むと、セロトニンが脳内に分泌されて幸福感を感じるというのはわりと知られた話だ。そのうえ、身体と連動するように頭も回転しはじめるので、マインドの整理にもつながっていく。

運動が終わったときには、だれしも「すっきりした」と感じるものだが、もしかしたらこの現象は、身体が汗をかいて爽快になったから気持ちまですっきりしたというより、運動の間に頭が整理できたということなのではないだろうか。考えれば即座に問題解決、とはいかない。それでも、運動でポジティブになり、シャープになった頭

で問題点を捉えることができれば、多少の悩みはしぼんで小さくなる。

運動3年目のスランプは成長のチャンスと思え

トライアスロンを始めた人は最初の2〜3年間、3種目すべてがやればやるほど伸びていき、モチベーションも高い状態が続く。運動経験がなかった人ならば、その成長は目覚ましいものになる。だから、放っておいても楽しそうに練習する。

ところが、3年を過ぎる頃からが難しいのだ。成長が陰りを見せ、伸び悩みが顕著になる。最初のスランプだ。そうなると、これまでのようにトレーニングを重ねても成果が感じられなくなり、やる気が落ちてくる。「もういいんじゃない？」といった感じで、トライアスロンから離れていく人が、ちらほら現れる。

でも、この現象は、プラトー（plateau ＝高原現象、または一時的な停滞状態）と呼ばれていて、だれにでも訪れるもの。精神的にもつらい時期だが、決して悪く捉えてはいけない。実はこれは、その人がいるステージでできることはすべて終わり、次のステージに上がる前の待機状態でもあるからだ。

いままでの取り組み方を続けても、単に練習量を増やしても解決にはつながらない。こういうタイミングで無理をして故障するケースも多い。だから優れた競技者はこうした局面ではフォームを調整したり、動きの効率化を追求するなどして、別のアプローチで一段階上のステージを目指す。スランプは、将来の飛躍への準備期間なのだ。

身体がほぐれると心もほぐれる

定年退職したら、なにか打ち込める趣味を持ちましょう、などの言葉をよく耳にする。新聞や雑誌などの広告でも、中高年向けにさまざまな通信講座が紹介されている。でも、厳しい言い方になるが、そんな年齢から突然新しい趣味を持てるはずはない。「どうでもいい」「なくてもいい」と思ってきたから手を出さないできたのだ。時間が余るようになったからといって、急に夢中になれるものではないだろう。

趣味は自然と生まれてくる嗜好だ。アニメ、音楽、絵画、スポーツ……どれもなくても生きていけるもので、だからこそ、その人の嗜好が鮮やかに表れる。そして、仕事や家庭のように、「必ず参加しなければいけない」「責任を負わなければいけない」

という縛りがないからこそ、精神的なプレッシャーも少なく、心が解放される。

さらにスポーツなら、人間同士の絆を作る趣味として特に優れた点がある。それは、運動後の心地よい疲労感の共有だ。人間は、よく動いて身体がほぐれると、笑った後と同じように、肩のムダな力みが抜ける。たとえ初対面の人と一緒でも、そんなときは構えずに話しかけられるものだ。

趣味を通して、いい意味で「逃げ場」を作り、人間関係を職場の外に広げていくことは、いまではすっかり長くなった定年後の日本人の人生には絶対に必要だと思う。

身体を動かす生活で常識を書き換える

アイアンマンのレースでは、その総距離は200kmを超える。しかし、走り終わった一般参加者のグループは、宿に引き揚げたら、もう次のレースの相談を始める。トライアスロンをやっている人たちの間では、見慣れた光景だ。身体を動かす生活に入ると、意識しなくても生活が変わる。食べるものが変わり、つき合う仲間が変わり、遊びに行く先が変わり、人によっては仕事まで変わってしまう。それは、本人の中で常識の枠の書き換えが起こっているからだ。

つき合う仲間が夜中でも飲み食いをし、たばこも吸うようでは、不健康がスタンダードになってしまう。自分自身も無頓着なまま、不健康になりがちだ。だが、ひとたびトライアスロンを始め、そのコミュニティに飛び込めば、それ以前に目にしてきた世界が決してスタンダードではなかったことが分かるだろう。これが常識の書き換えの中身だ。古い常識にしがみつくべきではないと思う。

始める前の自分だったらありえない距離を泳いだり、自転車に乗ったり、走ったり。でも、思い切ってやってみると、思ったほどとんでもないことではないと分かるのだ。自分の古臭い常識の殻を破り、いつでも新しい常識へ飛び込んでいく好奇心を持ち続けよう。好奇心を失い、変化を拒むようになったとき、その人はただ生きているだけで、精神の成長は止まっている。

動いていると自分の身体と対話できるようになる

長い競技生活を通して、長く寝込むようなケガや大病はしなかったものの、骨折はしたし脱臼も経験した。軟骨も損傷したので、それなりにちょこちょこ故障は経験した。一般のスポーツ愛好家と異なり、競技者は故障すれすれまで練習しないと勝てないから仕方のない部分はあるが、選手としては幸福なことではないと思う。

けれど、さまざまな故障を経験したことで、いまはトライアスロン仲間の故障、悩みの背後になにがあるか、おおよそ見当がつくようになっている。自分の身体を理解しないと、他人の身体や感覚だって推測することはできない。

故障というのは身体がなにかを教えているのだ。その人がレベルアップを望んでいたとしても、それに達するには足りないものがあるから、身体は悲鳴を上げる。その声に謙虚に耳を傾け、足りないものを補うケアを考えるべきだ。弱い箇所があるなら、補強運動として筋トレを加えたり、回復のために必要になる栄養はしっかり摂るなどの努力は、ステップアップのためには欠かせない。

トライアスロンは長時間のスポーツだから、動きながら身体と対話でき、身体の声を聞き取りやすくなる。続けているうちに、運動中だけでなく、仕事や生活の中でも身体のわずかな変化をキャッチできるようになる。

第3章 トライアスロンを始める

「トライアスロンって、どうやったら始められるの？」

そんな疑問が湧いてきたら、それがあなたの始めどき！

最低限のアイテムをそろえ、自分の身体や仕事の都合に合わせながら、少しずつトレーニング。半年後のレースの感動は、きっとあなたの人生を豊かにしてくれる。

INFINITI
BIKERIBBON

体験者に聞く、トライアスロンをやる理由　**ヒロミさん**

真剣な遊びで味わう「生きている実感」

「決めたら動く」。40歳で初めての挑戦

10年あまり前、テレビの仕事にひと区切りをつけて、ほかのことをやって生きていこうかなとぼんやり考えていた頃だった。通っていたスポーツクラブの顔見知りがトライアスロンに出るという。スイムの距離を訊いたら、1・5㎞だという答えだ。

おれは釣り、スカイダイビング、ゴルフ、カーレースや射撃など、もともとアウトドアの遊びは大好きだったけど、エンジンや道具を使うものが中心で、自分の身体だけで挑むっていう感じじゃなかった。その頃は頑張って泳いでも25mプールを往復したらへとへとだった。そこで、練習をして1・5㎞を泳ぎ切れるようになれば、トライアスロンの大会に出場できるんだな、と思いついた。

〝決めたら動く、頭で考えない〟が行動指針のおれは、とっとと大会の参加申し込みをしてしまった。こうなったらやるしかない。スイムではDVDの教材を見てはプールで試しの繰り返しで、特にスクールに通わずに徐々に距離を伸ばしていけた。

年を重ねていくと、人は新しいことに挑戦しなくなっていくものだ。挑戦しないもっともらしい理由を上手に並べはじめる。その一方で、四十の声を聞くころには、言ってみれば最後の挑戦をしてみたい気持ちもふつふつと湧いてきたりする。おれにとっては、それがトライアスロンだったというわけだ。

年に5回のレースと、〝シラトタロウ〟との出会い

初めてのレースは北マリアナ諸島のテニアン島だった。当時の参加者は

200人もいたかなあ。海はきれいだったけど、とにかく坂が多く、予想以上にきつい。苦しみ、もがいて、途中はるかに年上の人にあっさり抜かれたり、それでもなんとかフィニッシュできた。おれは悔しくて声も出なかった。でも、もう嫌だとは不思議と思わなかった。もう一回トレーニングに励んで、またどこかのレースに出たいと思ったのだ。

その頃、通っていたスポーツクラブでは、何人ものスタッフが独立し、新たな職場としてスポーツクラブを作ってほしいという話を持ってきた。それで、トライアスロンのオリンピック・ディスタンスである51・5㎞に引っかけて、中目黒〈ボディ・コンシャス51・5ヒロミ・ボディアート〉というのを開いた。芸能界の仕事から離れていた10年あまり、おれはこのスポーツクラブの経営に専念しつつ、このクラブの設備をちゃっかり使って、少しずつ身体を強化していった。

トライアスロンは国内外、多い年は年間4〜5大会に参加した。これはレースが終わって、ほっとするやすぐにまたレースという感じで、次のレースに向けての練習をするひまもろくにないめまぐるしさだ。それでも普段はラクをして生きてきたから、年に何回かは苦しい思いをするのも必要だなと思い、あえて挑み続けた。

レースには基本的には一人で参加してきたが、しばらくすると顔見知りができる。あちこちの大会で見かける、とんでもなく速い男、それがシラトタロウ（白戸太朗）だった。年齢は近いのに、トップ集団の中を軽やかに走っていく。なんども顔を合わせるうちに少しずつ話をするようになっていき、彼の仲間とも仲よくなっていった。向こうからすれば、いつもヒロミは一人ぼっちで、寂しそうに見えたのかもしれない。

トライアスロンはおじさんにも優しい！

実はトライアスロンとともにマラソンにも取り組みはじめていて、生まれて初めてのホノルル・マラソンも一人で応募して、走った。この話はあちこちでしたけれど、一人で参加するとゴール地点で待っていてくれる人がいない。せっかく完走したのに、おれには健闘をたたえてくれる人がいなかった。これは寂しかった！

ところが、トライアスロンの大会というのは、まったく面識のない参加者同士がレース中、かなり積極的に声をかけ合うのだ。「あと5㎞ぐらいだから、頑張りましょう」とか、「無理せず行きましょう」とか。先にフィニッシュした人たちが待っていて励ましてくれたり、中には戻ってきて後続のランナーと並走してくれる人も。

タロウも言っていることだけど、トライアスロンは**個人競技なのに団体競技みたいなところ**がある。エリート選手でもないおれたち、おじさんランナーにはタイムや着順といった成績なんて関係ない。声をかけ合って全員の完走を目指し、全員で盛り上がろうという空気がある。それもあってか、すごく苦しんで、ヘロヘロになった参加者に、また次も出るかと訊くと、大抵の人は「出る！」と即答する。**1回出て、もう出たくないという人には会ったことがない**。本当に不思議な競技だよね。ただ「フィニッシュできた」っていう高揚感だけじゃないものがあるんだと思う。達成感がある。

トライアスロンを始めてから分かったことがもう一つあって、それは酒の席などでトライアスロンをやっていると言うと、「すご〜い♡」という反応が圧倒的だっていうこと。トライアスロンという言葉には魔術的な響きがあるのか、飲み会の席でも少し、楽しい。その点、マラソンをやってますと言っても、あんまりウケなくて「そんなに走るのが好きなんですか」とか「陸上部出身？」みたいな反応で終わる。まだやっていない人に本当のことを言っておくと、フルマラソンはトライアスロンの100倍は辛い。両方やってみたおれだから、こいつは断言できる！

「大人の運動会」で得られる、生きている実感

数年前から、また、なんとなくテレビの仕事が来るようになり、あれよあれよという間に忙しくなった。だから、いまは大会に参加できても年に1~2回といったところだけど、2~3カ月の準備期間を考えるなら、これぐらいのペースでいいかなとも思っている。実は人並みに五十肩をやってしまっていて、痛くてほとんど泳げないのだ。こいつが治まったら、またスイムを再開しようと思う。

大変だとか、きついとか、ネガティブな話をしてしまったが、初めての人も安心して始めてほしいと思っている。スイムさえなんとか乗り切れば、バイクとランは、やめなければ自動的にフィニッシュできる。だから、「トライアスロンをやりたいけど、どうしたらいいですか?」って訊かれたとき、おれもタロウも昔からよく言ってるのは、「早く申し込め」。申し込んだら、もうやるしかないから。あと、「人に言いなさい」。「トライアスロンをやるんだ」とか、「出場するんだ」とか言って、出なくちゃいけないような状況にしなさい。だから、まずは申し込むこと。とりあえず「参加」ボタン押しちゃって!

レースはエイジ(年代)別で競われるので、スタート地点に同世代の連中が集まる。

おれは毎度おっさん組だから、「もう年なんだから気をつけましょうね」とか、「死なないで戻って来ましょうね」「もう急いでもしょうがないから、ゆっくり水に入りましょうね」という言葉とは裏腹に、**ホーンが鳴ったら、みんな全力疾走**してしまう。**トライアスロンは大人の運動会**だから、毎回こんな感じだ。

いざとなったら、やめればいい。これは遊びなんだから。もちろん、ケガや事故に遭うのは論外だと思うけどね。そこまで人に迷惑かけることはしないようにね。無理しないこと。でも、遊びにも真剣に取り組むと、学ぶものがきっとある。そして、レースを終えた瞬間、強烈な〝生きている〟感が全身に湧き起こる。これは日常生活の中ではなかなかできない貴重な経験だ。一人でも多くの人がそれを体験し、トライアスロンがさらにメジャーなスポーツになればいいなと、おれは感じている。

ヒロミ　タレント、実業家。1965年東京都八王子市生まれ。86年ミスターちん、デビット伊東とともにB－21 SPECIALを結成。90年ゴールデン・アロー賞芸能新人賞受賞。過去には自動車レースの経験もあり、トライアスロン、射撃、ゴルフなど幅広くの趣味を持っている。

体験者に聞く、トライアスロンをやる理由　中島資太さん

仲間は600人！人生100年時代を見据えて、仕事と練習の両立を

――トライアスロンを始めたきっかけは？

「社会人になって早々に長良川国際トライアスロン大会でフィニッシュする選手たちの輝く表情を見て『あぁ、いつかやってみたいな』という思いをずっと抱いてきました。それを知っていた妻から、丸の内でトライアスロンの朝活があると聞き、参加したのが4年前のこと。スイムが特に苦手だったので、講師のシラトさんと相談の上、5月にアスロニアに入校。渋谷の朝スイムに参加するようになりました。

本当は50mも泳げないのに『200mぐらい』などと見栄を張ったら、その日の練習メニューがコースロープを外して回遊するオープンウォータースイムで、初回で溺れました。そこで、とても無理だからやめようと思っていたら、渋谷の仲間たちに鉢合

わせしたんです。事情を打ち明けたら彼らも最初は似たようなものだったと。『もうちょっとやろうよ』の温かい一言で続ける気になりました」

――始めて4年、確かな手応えを得られていますか？

「いまだにスイムには苦手意識があります。でも、強い自信を持つと過信に陥って危険だから、地道に努力を続けて常に自分を見直しながらやっています。バイクでも我流は排し、フィッターにバイクを調整してもらったら、乗りはじめに起こるお尻の痛みも一発で治りました。専門誌主催の合宿にもよく行きましたよ」

――トライアスロンとの向き合い方で、気をつけている点は？

「トライアスロンとの距離感も大事なことですね。仲間内ではトライアスロンを『大人の部活』って言っています。部活は学業あってのものだし、我々はプロじゃないんだから仕事と家庭をないがしろにはできません。平日の都内では難しい自転車の練習を、本当は週末に郊外で存分にやりたいけど、家を空けっ放しにもできないですよね。妻とも仲良くしていきたいですから」

――トライアスロンを始めて、よかったことはなんですか？

「妻からは『トライアスロンを始めるまで、あなたには仕事を離れた友だちがゼロだった』》ってよくからかわれます。いまでは実際につながっているトライアスロンの仲間が500〜600人もいます。人生が100年近くまで長くなったいま、**定年後の20〜30年をどうやって生きていくのか？**　退職後のこの時間は、世の中のことはもうよく分かっていて経験値も十分にあるという、実は一番おいしいときなんじゃないでしょうか。手かせ足かせがなくなったら、ぼくは真っ先にアイアンマンに挑戦するでしょう。70代の終わりまではトライアスロンを続けるつもりです！」

――練習やレースを通じて学んだものは？

「ワークライフバランスを意識しつつ、時間を捻出する工夫が習慣化できたことです。典型的な企業戦士だった20〜30代の頃も実はなにかをやれたはずで、結局やる気がなかっただけでした。そして、トライアスロンを始めたら興味の対象が広がり、**やりたいと思ったことは実行できるようになりました**。この実行力が大きいですね！」

中島資太（なかしま・よしふと）　東海テレビ放送 コンプライアンス推進局 番組審議室長。トライアスロン歴4年。レース中のお勧めのアイテムは①100円均一のゴム草履（スイムスタート前の移動時に。使用後は現地で処分）、②ガムテープ（補給食を車体に貼れるし、応急補修にも使える）、③レジ袋（雨天時にシューズ、靴下などを入れておき防水に）など。

体験者に聞く、トライアスロンをやる理由　藤岡久子さん

大人の学びは楽しい！
インドア派がロング・ディスタンスに至るまで

――トライアスロンを始める前の運動歴はどんなものですか？

「ほとんどないです。完全にインドア派。それが2010年にふとクロスバイクを買い、あちこち乗っていたら、友人が石垣島を自転車で回るイベントに誘ってくれました。行ったらそこにタロウさんがいた。キラッキラの海を指し、『この海を泳いだり自転車に乗ったり、サトウキビ畑の中を走れば3種目、つまりトライアスロンだよ』。なんだかものすごい素敵な話だと思い込んでしまいました（笑）」

――練習とはどう向き合っていますか？

「スイムは25mで死にそうになっていたのに、スクールに通いだしたら、あるタイミングで一気に泳げるようになりました。初心者は教えてもらいがいのある種目だと思

います。私は小さい頃から趣味でバイオリンを弾いてきましたが、トライアスロンはこつこつ練習を重ねていくと、少しずつできるようになっていく感覚が、楽器を練習する過程と似ていると思います。**大人になると、なにかを一から始めることが少なくなる**けど、スクールでは信頼できるコーチがそのつど指導してくれて、実際に結果が出る。いまは自宅近くに住んでいる仲間と、『明日、走らない？』と連絡し合ったり、平日も水曜ぐらいになると『今週末どこ走る？』とか」

――わりとすぐにホノルル・トライアスロンに出ましたね。

「はい。ゼロスタートで準備期間は5カ月半くらい。『あそこは入り江で波が入って来ない穏やかな海だから、プールみたいなもんだよ』という経験者の話を真に受けて、ウェットスーツを着ずに海の試泳に参加したら、普段と違う状況に完全にパニック状態になり、過呼吸に陥りました。さすがに本番は借りたウェットスーツで泳ぎ、走り終わったら楽しかったです。ゼロスタートだったから自分への期待値もゼロだったのに、こんなことできちゃった私、みたいな感じです」

――日常生活になにか影響はありますか？

「仕事で切羽詰まって辛くなってくると、むしろ積極的に朝走ったり泳いだり、週末に自転車に乗るようにします。精神のバランスを保つ上でとても役立っていると感じています。レースでは、天候が急変したりと不可抗力が多く、せっかく練習してきた技がちっとも使えなかったり、計画通りにいかないことばかりです。でも、トライアスロンは反対にそれを楽しむスポーツで、それは仕事にも生きてきます。**土壇場の対応力**でしょうか。自分でコントロールできる範囲はどこまでかを見極めて、人に任せるべき部分は信じて任せる。大勢の人と進めるプロジェクトでは生きる考え方だと思います」

――今後はどんなジャンルに進みましょうか!

「いまは年に1回ぐらいロングの大会に出ています。ロングでは身体能力もさることながら、コツコツやった成果が出やすいです。最近は砂漠を走る大会にも興味が出てきました。あ、いつか本当に行っちゃうかも」

藤岡久子(ふじおか・ひさこ)　NHKエンタープライズ グローバル事業本部 海外販売チーフ・マネージャー。トライアスロン歴7年半。「自転車は歩くよりも遠くに行けて、自分の周りのことは十分に吸収できる。この絶妙な速さがすごく好きです」

トライアスロン誕生の歴史

世界中で、トライアスロンの芽が発生

いまでこそ五輪種目の一つであるトライアスロンだが、競技としての歴史は浅い。公には発祥の地はサンディエゴ（米国カリフォルニア州）とされる。ここはもともとクロストレーニングが盛んな土地で、いろんなスポーツを一度に楽しむ気風があった。記録によると、ここで1974年、サンディエゴ・トラッククラブ（現存）の面々がスイム、ラン、バイクの3種目を行い、合計タイムを競うというイベントを開催したという。これがトライアスロンの直接的な出発点とされる。

だが、これには異論もあって、20世紀初頭からヨーロッパでは複数の競技を組み合わせ、総合成績を競う競技が行われていた。1904年のセントルイス五輪ではいまでいう陸上の10種競技が実施されているから、似たような発想だったのかもしれない。フランスではこの時期、新聞社の主催で「Les trois sports（three sports：3種目競技）」なる名称でイベントのあった記録が残っている。ただ、当時ヨーロッパ各地で行われた

こうした大会で採用された種目には、カヌーや砲丸投げ、幅跳び、短距離走など、いまでは考えられないようなものもあったようだ。

どこの大会が最初かはさておき、要は20世紀後半になると世界各地で3種日ぐらいの競技を組み合わせ、一日のうちにやってしまおうというアイデアが生まれていたということだ。

酒席で提案されたアイアンマン

サンディエゴ・トラッククラブのレースに参加したジョン・コリンズ米海軍司令官は、その後、赴任先であるハワイで、ひょんなことから、あるイベントを思いつく――。

その頃、ハワイにはすでにワイキキ・ラフウォーター・スイム、オアフ島一周自転車レース、ホノルルマラソンがあった。

「この3つのレースのうち、どれが最もハードか?」。1977年2月のある夜の酒席でこれが議論になると、コリンズは一人で3種目すべてを行うことを提案し、翌78年2月18日、コリンズを含む15人でレースが実施された。スイム3・9㎞、バイク180㎞、ラン42・195㎞を完走したすべての人にアイアンマンの称号が与えられ、これが以後、全世界で行われるようになっていくアイアンマン大会の始まりとなった。

このエピソードにはトライアスロンをやる人の特徴がよく表れていると思う。それは遊び心と好奇心だ。「分からないからやってみよう！」。このチャレンジ精神は、既存のルールや種目で満足している他のジャンルの競技者とはちょっと違っている。


日本最初のレースは？


日本では1981年8月20日、風光明媚な鳥取県米子市の皆生《かいけ》温泉海岸で、女性2名を含む総勢53名で初めてトライアスロンが行われた。これは皆生温泉開発60周年記念事業の一環として全国に健康イメージを発信するために企画されたと聞く。このときの距離はスイム2・5㎞、バイク63・2㎞、ラン36・5㎞で行われ、同着1位に歌手の高石ともや氏の名が記録されている。

この成功を見て、日本各地で続々とトライアスロンは開催されるようになり、85年には沖縄県宮古島でロングディスタンス、滋賀県琵琶湖でアイアンマン大会、熊本県本渡市（現・天草市）でオリンピック・ディスタンス天草大会が開催された。

一方、アメリカでは82年のアイアンマン大会で女子のトップで走っていたジュリー・モスがフィニッシュ目前で失速し、なんども転びながらも脚を引きずり、這うようにフィニッシュする姿をＡＢＣテレビが全米に中継し、なんども立ち上がる姿に人々は熱狂した。競技の過酷な側面だけがアピールされてしまったが、同時に大きな感動も与え、アイアンマンには強い追い風となった。

2020東京オリンピックへの期待

こうした時代のうねりがあって、89年には国際トライアスロン連合（ＩＴＵ）が誕生し、トライアスロンを運営する団体は世界各地に設立されていった。この年は第１回ＩＴＵ世界選手権大会がフランスのアビニョンで開催され、ますますトライアスロンは注目を浴びる種目になっていき、94年にはオリンピック参入が決定。奇しくもこの年には日本トライアスロン連合（ＪＴＵ）も設立されている。

実はこの年、トライアスロンにとっては大きなルール改正があった。それはワールドカップ関西新空港大会でドラフティングが解禁されたのだ。ドラフティングとは競技中、隊列を組むことによって先行する選手を風よけに利用する戦術だ。ほかの競技ではよく見かける光景だが、スタートしたらフィニッシュするまで、だれの助けも借

1904	(米)セントルイス五輪で陸上の10種競技を実施
1974	(米)サンディエゴでスイム・ラン・バイクの合計タイムを競うイベント開催
1978	(米)ハワイ・ホノルルでコリンズがアイアンマンの原型となるレースを実施
1981	(日)鳥取県米子市の皆生温泉海岸で日本初の大会
1985	(日)沖縄県宮古島でロングディスタンス大会、滋賀県琵琶湖でアイアンマン大会など開催
1989	国際トライアスロン連合(ITU)設立 (日)日本トライアスロン連合(JUT)設立
1994	(日)ワールドカップ関西新空港大会でドラフティングを解禁
2000	(豪)シドニーオリンピックで初めて五輪種目の一つに
2020	(日)東京オリンピック開催予定(トライアスロンの会場はお台場海浜公園)

りないというトライアスロンの第一義から、これは絶対的タブーだったのだ。

これは五輪競技化するうえで明快なルールにしたほうが、より分かりやすく広めることができるだろうという読みがあっての解禁だったのだろうが、この結果、レース展開が大きく変化していった。選手はレース終盤まで集団を抜け出せず、ランで勝負する傾向が強くなっていった。これに関しては今後、議論の余地のあるところだろう。

待望の五輪へは2000年のシドニーで初登場し、アテネ、北京、ロンドンと続き、数々の名勝負、名場面を生み出しながら、今日まで多くの選手を夢の舞台に乗せ、観客を沸かせ続けている。

大会6カ月前

まず出場する大会を決める。練習はその後だ！

トライアスロンに漠然とした憧れを抱いている人へ。あなたがいま、やるべきは、「目標を決める」こと。大会参加を決めてしまえば、それを可能にする方法も、トライする課題も見えてくる。半年先の大会を具体的にイメージしながら、楽しく第一歩を踏み出そう！

目標を決めたほうが人間は頑張れる

日本人は、迷ったらやめておく、という考え方の人が多い。だから、強烈に惹かれる物事に出合っても、まるで自分に言い訳をするかのように、「いつか、恥ずかしくないくらい体力や技術が身についたらレースに出ます」とか、「いつか休みを取りやすい職場環境になったら始めます」とか、永遠にやってこない「いつか」へと先延ばししようとする。

たしかに、やらない理由を探しはじめたら、説得力のあるコトバはいくらでも見つかるだろう。だが、体力も技術も〝やっていくうちに身につく〟ものだ。スケジュールの調整だって、慣れてくればうまく時間をひねり出せるようになる。一番大切なのはマインドであり、考え方の習慣なのだと思う。

いままでの人生では味わえなかった世界を知りたい。違う自分になりたい。本気でそう思えば人は必ず変われる。それにはまず、やると決めてしまうのだ。では、最初にすべきことはなにか？

自分に向かって、「やります!!」と宣言することだ。

具体的には、トライアスロンでは、約6カ月後の大会に参加申し込みをすることだ。ネットでポチるのだ。これは無謀でもなんでもない。いま現在、ケガや健康上の理由がない限り、たとえ泳げなくても6カ月あれば十分に準備はできる！

トライアスロンの練習から始めて、3種目を納得いくまで鍛え、自信がついたらレース！　ではないのだ。まずレースを決めるのが先。これを目標にスタートすべきだ。目標が決まらないと、人は真剣に努力を続けられないからだ。

皆さん、身に覚えがあるのではないだろうか？　いつか外国人と英語でペラペラ話せる日が来たらいいな、とは思っても、忙しい社会人はなかなか本腰を入れて英語の勉強を始められない。いつか、いつかの、その日は来ないのだ。それよりもたとえば、半年先にアメリカ出張があって、現地で英語によるプレゼンを求められ、それに自分の会社内での評価がかかっているとなったら、お尻に火がついたようになって勉強を始めるだろう。

目標を明確に決めたほうが人は頑張れる。逆に、漠然とした憧れだけでは、人間はちょっとしたことで諦めてしまう。「なんとかしなければ」と思ったとき、心の中に鉄の意志が生まれ、あらゆる工夫で問題を乗り越えようとする。

当日は、初めてのレースなのだから、タイムや着順なんて気にしない。目標は完走だ。それには制限時間が緩やかな大会を選ぶといい。オリンピック・ディスタンスでは制限時間が4～5時間ぐらいの大会が多いが、初心者が4時間を切れるかどうかは不安だから、最低でも4時間以上の大会を選ぼう。海外では、毎年5月のホノルル・トライアスロンや11月のロタ島トライアスロンなどは制限時間がない。風光明媚なロケーションを楽しめるので、観光旅行も兼ねてデビューするのはお勧めだ。

その経験は、鮮烈な印象、記憶となって、その人のその後のトライアスロン生活に大きく影響することは間違いない。遅かろうが、途中で休憩しようが、走り切れば「大成功！」。フィニッシュしたとたん、すぐまた次のレースに出たくなっている自分を発見するだろう。

不安は「分解して考える」のがコツ

トライアスロンに尻込みをする人に理由を尋ねると、「不安」の一語が返ってくることが度々ある。それも正体のはっきりしない不安が多い。「なんだか分からないけれど、すごく大変そうだ」とか、「競技時間が長い上、やらなければならないことがいっぱいありそうで」とか。漠然と不安というパターンで、これでは解決の糸口が見えない。

そんな事態に陥らないために、最初にレースを決めてしまうのだ。決めればレース内容が明確になるから、スイム、バイク、ランの目標も明確になる。そして、3種目をごっちゃに受け止め、ひとまとめのままにしておくと不安は解消できない。種目ごとに目標を決め、具体的に取りかかってみると、不安はほぐれてくる。問題点を客観的に分析し、やるべきことを見詰めれば、「不可能かもしれない」という不安は、「練習すればできる」というチャレンジ意識に変化してくる。

このとき、レースの完走という遠く大きなゴールを目指すのではなく、今日から大会当日のレースまでの間に多数のスモール・ゴールを設定して、一つずつクリアしていくのが定石だ。

たとえば、多くのビギナーが最も手こずるのがスイムだ（水泳部出身者を除く）。理由は簡単で、陸上と異なり、水中では浮力が働く。重力ではなく浮力の中で重心を見出だし、力を伝えるのは難しい。早い話が、姿勢のコントロールがしにくい。でも、不安定な状態で水をかいて前に進むのは、コツさえつかめば子どもだってできる。筋力や体力ではなく、感覚だけのことなのだが、やったことのないあなたに突然にはできない。いままで泳いでこなかった人は、感覚をつかむのに少しだけ時間がかかる。だから始めの1カ月は、3種目の中でもスイムと向き合うのがお勧めだ。その際に無理に距離やスピードを求めず、水と仲良くなることだけを心がける。そのうちに、最初のスモール・ゴールの「水に慣れる」ことができたら、ようやく泳ぎに取り組むくらいでいい。最初の1カ月を過ごす間に、トレーニングと並行して、自分が信頼できるバイクショップを探し、バイクを手に入れよう。2カ月目からはスイムを続けながらバイクに親しむ。なぜスイムの次がバイクなのかというと、いままで生活の中で触れてきたママチャリや学生が使う通学自転車と、トライアスロンで用いるロードバイクはまったくの別物だからだ！　バイクをなめたらいけない。学生時代に自転車競技を経験しているなら話は別だが、おそらくあなたはそうではない。

生活の中にある自転車は一生懸命にペダルを踏んでいるつもりでも、せいぜい時速20㎞少々。ところが、ロードバイクは初心者でも時速30～40㎞ぐらい簡単に出せるので、その気になれば長い距離を一気に走破できてしまう。

ただし、操作を誤るとあっさりバランスを崩すし、おそろしくブレーキはきくし、転倒もする。公道は練習の場としては危険すぎて、ふさわしくないから、場所を探すのも重要なテーマだ。乗りこなす技術と、いつどこで練習するか、などなど、バイクの問題点が見えてくるだろう。そんな問題点を解消すべくバイクショップに相談したり、仲間に訊いたりして一つずつ解決していく。不安の正体を一つずつ明確にし、解決していくというのはいつも同じである。

ランニングは運動としては歩行の延長上にある動作だから、いつでもだれでも取り組める。以前から毎日のように走ってきた人は、オーバーワークにならないよう、そのまま走ればいい。だが、いままでまったく走ってこなかった人で、しかも体重が重い場合は、いきなり走ると足首や膝を故障する可能性も考えられる。
身近な運動だけに、つい甘く見ている人は多いが、ランニングは実は身体へのインパクトが強い種目だ。動作としては、前方に向かって、片足ずつ交互にジャンプするのと同じ。そして、着地のたびに体重の2～3倍の衝撃力が足元から全身を駆け抜ける。久しぶりに走ることに不安を感じるなら、いきなり走らずにウォーキングから始めるのもいい。このように、たとえランニング自体への不安があっても、ウォーキングという前段階の運動によって対処できる。ウォーキングに慣れ、大きなストライドで速く進めるようになったら、ウォーキングの中にランニングを織り交ぜていき、走れる時間を少しずつ伸ばしていこう。練習の進捗、手応えを感じることができるだろう。体重の重い人は、こうして故障を避けつつ、食事の改善も同時に進めていくのがお勧めだ。無理な運動で膝を痛め、また運動不足になってしまっては元も子もない。

3種目の競技なのだから、種目ごとにテーマは異なる。不安も競技ごとに洗い出して、期間を決めて一つずつつぶしていく。それにはスモール・ゴールの設定が確実で、やり応えを実感できるだろう。本書でも、その具体的な例を順次挙げていきたい。

航空券や宿の「手配」をして気持ちを盛り上げる

レース参加を決め、サイトの申し込みページでまずポチる（申し込みボタンをクリック！）。その瞬間、「あ！　やっちゃった」と思う人は多いだろう。「やばい、こんな聞いたことのない場所にどうやって行くんだろう？」とか。

だが、ここで止まらず、あれこれ考えるより前にできるだけ早く航空券や宿を手配してしまおう。人気のある大会は早々に申し込む人が多く、ぐずぐずしていると、飛行機も宿も満席、満室となることがあるからだ。なんとか部屋を取れても、会場から遠い上、口コミを読むとイマイチというのでは、大会自体への期待度まで薄まってしまう。

さあ、航空券と宿を手配してしまったら、もう後には引けない。前を向いて進むのみだ。つまり、某ジムに高価な入会金と会費を払ったら腹をくくれるのと同じで、お金をムダにはできないから一生懸命頑張れる。航空券と宿にお金を払って、モチベーションを買ったのだ。この先行投資があるから、半年間ぐらい頑張れるというものだ。

こうなると毎日が変わる。日常生活の中で意識していなくても、レース開催地の情報にいつも聞き耳を立てている自分に気づく。いままでは聞き流していたようなミクロな情報にも無関心でいられなくなる。雑誌を眺めていても、食事しながらTVを見ていても、開催地の名前が出れば無意識に反応してしまう。

つまり、ワクワクするような毎日が、半年間、約束されたようなものだ。

また、このときに職場などで、「私、○月○日にあるトライアスロンのレースに出るんですけど」とカミングアウトするのも手だ。いま、日本にはトライアスロンをやっている人が推定で35万人以上いるらしい。そこそこの規模の職場なら間違いなく一人や二人はいるだろう。もしかしたら、普段は黙っているだけで、実はそのレースにも出たことがあるかもしれない。開催地のおいしいお店など、おトク情報を教えてくれるかもしれない……。そして、職場によっては厳しいかもしれないが、現代は、会社側でも余暇やプライベートの充実を奨励しているところも多い。あなたが半年先の目標に向かってイキイキと働く姿を見れば、周りも安心して休暇を取れるように協力してくれるかもしれない。

せっかくの大会なら、準備も含めて楽しんでしまおう。航空券や宿の手配、そして出場宣言は、その第一歩なのだ。

6～3カ月前
「トレーニングのためのトレーニング」を積もう

初心者に必要なのは、練習を続けるための下地づくり。スイムなら水に慣れること。バイクなら相談できるショップを探すことと、安全対策をしっかり行うこと。ランなら正しい姿勢を身につけること。そして、情報交換し、互いに励まし合う仲間をつくることも大事だ！

水着、ゴーグル、ランニングシューズでスタート！

トライアスロンをやってみよう。そう思ったら、鉄は熱いうちに打てだ。まっ先に練習を始めたいスイムのために水着とゴーグルを買おう。空き時間にこまめに取り組みたいランニングのためには、ランニングシューズも買うべし。最初からバイクに手を出す必要はない。そもそも大多数の人が自転車には「乗れる」はずだから、ゼロからのスタートではないし、バイクまで最初に買おうとすると初期投資の負担がきつくなる。まだ熱心にトレーニングもしていないのに高価な買い物をするのでは、家族の印象も悪くなろうというもの。水着、ゴーグル、ランニングシューズ。この3点なら予算3万円でまずまずのものがそろうだろう。まずは気軽に買えるものをそろえて、気楽にスタートしよう。

水着は悩みすぎず、自分が着たくなるようなデザインのものを選べば、泳ぎに出かけるモチベーションも上がるだろう。大会当日に着るものは後日改めて考えればいい。ウェアや道具に投資しても、それでパフォーマンスが上がるわけではないけれど、時間が自由になるわけではない社会人が毎回の練習でモチベーションを上げるためには、こうしたちょっとした買い物を楽しむのはありだと思う。これは大人だからこそのスポーツとの付き合い方だ。もしこれが若者だったら、ぼくは「道具をあれこれ選り好みせずに、さっさとトレーニングしろ！」と一喝するかもしれない（笑）。

ランニングシューズは、履く人の体格、体力、走力などで変わってくるが、ビギナーならばショップの担当者に相談に乗ってもらうのがお勧めだ。もしも、その人がトライアスロンを知っていればベストだが、そうでなくても一般的に目的に適った、変にマニアックではないニュートラルなシューズを提案してもらえばいい。また、足入れ、いわゆる試履は必ずすること。これができない店では決して買わないように！

ランニングが習慣になると、時間をかけて足は磨かれ、微妙に形が変わっていく。ムダな肉はそぎ落とされ、アーチ（土踏まず）のコンディションも変化する。ということは、履くべきシューズはやがて変わっていくことになるのだ。

この一足があればもう大丈夫。ベスト・オブ・ザ・ベストなシューズなど、実はどの瞬間にも存在しない。どこかにもっとベターなものもあるかもしれない。道具はそういうものだと腹をくくっておくのがいいだろう。

スイム① 水の感覚をつかみ、水と仲良くなる

水着を買ったらまずプールを探して、泳ぎに行こう。自宅や職場の近く、または通勤途中にあれば続けやすいだろう。近場のプールを選び、週に2回は必ず水に入ろう！

先にも説明したが、スイムは浮力の中で自分の動きの軸を作らなくてはならない。「畳の上の水練」とはよく言ったものだが、陸上で努力したところで、水に入らなければ決してスイムの練習にはならないのだ。また、いきなり距離を決めて泳ごうなどとしないことだ。頑張ろうとすると辛くなる。そんな泳ぎ方では、大会に出たとしてもすぐに疲れてしまう。最初は水の中を歩いたり、ちょっと浮く感じを楽しんだりして、水に浮かせてもらえる感覚がつかめてから泳ぎはじめるのがいい。

この感覚をつかむには、水に入る「回数が重要」だ。水に慣れるには1回で長時間入るよりも、短時間でも頻繁に入るのがいい。水に対する不安が取れれば、次の段階では疲れにくい泳ぎ方が習得しやすくなる。まずは水の中で遊ぼう。水の中で動くことに慣れてから本格的な練習は始まるのだ。

スイム② 泳ぐことをルーティンに変える

社会人にとって、スイムの練習が一番敷居が高いと思う。これは仕方のないことだ。水着に着替えなければいけないし、泳いだ後は濡れた髪の毛を乾かし、女性ならメイクを直したりと、プールで泳ぐ時間よりも、前後の身づくろいに多く時間を取られかねない。それでも週に2回以上はプールに入るべきだ。

だが、実はこれは大した問題ではないようだ。毎朝、顔を洗ったり、歯を磨いたりといった決まりきった作業の手順を、人はいちいち頭の中で考えたりせず、無意識のうちに行うものだ。水着と服とを着替える作業も、髪を乾かすことも、繰り返すうちになにも考えないでもできるようになっていく。ただのルーティンになるのだ。

ルーティンになってしまった作業はすべて手早い。考えないのだから、ぱっぱと作業が進む。面倒くさいなあ、そんなネガティブな考えを抱く前に完了してしまう。こうなるとスイムは一日の中に組み込まれた、当たり前の生活習慣となる。水に慣れるという重要な目標の一つは、ここに来て完成するのだ。さあ、プールに行こう！

スイム③　息継ぎを覚えればなんとかなる

空気の薄い高地を除けば、地球上に呼吸が自由にならない空間はない。だから、水に入り慣れても、呼吸に対する不安は残る。

息継ぎをきちんと身につけないと、この不安からたくさん空気を吸おうとして、無意識に首を一生懸命に水面から持ち上げようとする。すると、水の外に出た頭の分の浮力を失い、残酷にも身体は水中に沈むわけだ。

息継ぎに不安のある人は、プールで50mを泳ぎ切れるかどうか試してみよう。25mなら息を止めて泳げてしまう人はいるが、50mではそうはいかない。だから、もしも50mをちゃんと泳ぎ切れたら、その人は息継ぎがちゃんとできていると考えていい。逆に泳ぎ切れなかったら、まず50mを目標に練習して、できるようにすればいい。

ポイントは、水中でしっかり吐くこと。人間は息を吐かないと空気は吸えない構造になっている。しっかり吐いていれば、吸うことができる。

そして水中で吐いておくと、息継ぎする時間が短くて済む。息継ぎの時間を短くすることにより、比重の大きい頭を水面に出す時間が短くて済むようになる。するとますます沈みにくくなるというわけだ。もちろん、決して力を入れて泳がないのも重要。歩くように泳ごう！

実際には国内のレースでは事故防止の観点から、ウェットスーツの着用を義務付けていることがほとんど。だからプール以上に浮力が働き、息継ぎに手こずる可能性は低いけれど、やはりいずれは颯爽《さっそう》と泳ぐために習得したいスキルだ。

バイク① バイクは約束手形だ

こういうご時世だからか、ショップでは下見をし、店頭価格を調べたうえでネット通販の各サイトを比較して、一番安い価格で商品を手に入れることに情熱を注ぐ人がいる。トライアスロンのバイクは高いので、こういった方法を取る気持ちも分からなくはないが、これは考えものだ。

まず、そのバイクが乗る人の身体に合っているかどうか、ビギナーには分からないだろう。たとえショップで試乗してからネットで買ったとしても、本来、バイクは買ってそのまま乗るものではない。ショップのスタッフが乗り手に合わせてセッティングをしてくれて、そこで初めて「自分に合った自転車」になったといえるのだ。ちゃんとしたセッティングができていないと、乗り手はパフォーマンスを十分には発揮できない。これは非常に重要なことだ。

ショップの側から見れば、自分たちの店で買ったものではないバイクを持ち込まれれば、手数料を取らざるをえない。だが、もしも自分たちの店で販売したバイクなら、調整や修理を依頼しに顧客が来店すれば、スタッフはちゃんと対応しなければならない義務がある。

バイクをショップから買うということは、セッティングやメンテナンスも含め、いわば「かかりつけ医」になってもらうことを意味する。バイクはショップと乗り手の間で交わされた約束手形みたいなもの。あなたは、バイクを通して信頼関係という目に見えないものを買ったのだ。お店の人に、「これからバイクのことでは面倒見てもらいますよ」と確約を取ったに等しい。

だから、どんなバイクを買うべきかという問いはナンセンスで、だれから、どこから買うかがなにより大事になる。有名店であるかどうかよりも、些細な問題点でも、あなたが相談に行きやすい店を探すべきだ。ビギナーならなおさら、高いバイクを奮発して買うよりも、ちゃんと信頼できる店を選ぶことを心がけてほしい。店はあなたにとって自転車のお医者さんであり、バイクを学ぶ先生になるのだから。

バイク② 真っ先に買うべきはヘルメットとバイク用シューズ

ロードバイクはママチャリとはまったく異なる自転車で、日常生活に使うものではない。走ることだけに特化した高性能マシンだから、公道での練習には不向きだ。愛好者は、わざわざバイクを車に積んで、河川敷や郊外の交通量が少ない山道などを走るものだ。

スピードが出るので、不慣れなうちはコントロールにも手こずるかもしれない。まさかのアクシデントを回避するためにもヘルメットは練習初日から被っておくべきだ。ヘルメット選びもショップのスタッフとよく相談し、試着の上で入手しよう。

また、練習中に転倒などしてヘルメットをマシンや路面にぶつけてしまったら、潔く新品を買い直すべきだ。ヘルメットはそれ自体が壊れることで被っている人の身を守るもの。目に見えなくても微細な損傷が生じていて、本来の堅牢性を失っている可能性があるからだ。

どんなスポーツでも、安全第一。周囲の人に迷惑をかけず、なおかつ自分の身も守ることをいつも念頭に置いてほしい。ヘルメットを買うことと、自転車賠償保険（135ページ参照）に加入することは、けっして怠ってはいけない。

また、初心者にお伝えしておかなければいけないのは、バイクには、専用のシューズを使用するということ。ソールが硬く、踏み込む力のロスが少ないし、クリートをビンディングペダルに固定すれば太腿を引き上げる力も推進力にできるから、レースでは迷わずこれを使ってほしい。

ただし、慣れないうちは足をペダルに固定するのは不安だろう。足を両方とも地面に着けられないと思うと、怖くて身体が固まってしまうかもしれない。次第に慣れてくるものだが、ここで転んでケガをしてもつまらないので、無理はしないほうがいい。

だから最初のうちは、ランニングシューズでも構わない。その間、バイク用シューズは目に見えるところに飾っておき、イメージを膨らませよう！

バイク③　名前を付けて毎日触ろう

初心者の走りを決定するのは体力でも戦略でもない。バイクにどれだけ身体が慣れているかどうかだ。バイクの特性を理解し、利用することを考えてほしい。走行中は、下り坂などの状況によってはペダリングを休み、惰性走行だってできる。初心者はこういったところで体力を温存するのも大事だ。

どれだけ自分の思うとおりにバイクをコントロールできるか。それにはバイクと徹底的に仲良くなるのが一番だから、乗らない日もバイクに触れてみる。生活の中で目に入りやすい場所に置いて、名前を付けて呼びかけたり、ペットのように触って可愛がるなんていうのもいいだろう。

ママチャリとはまったく違う高性能に最初はとまどいを感じがちだが、気持ちの距離を近づけないと、こうした違和感は消えないだろう。人間同士と同じなのだ。仲良くなるためにはコミュニケーションが必要だ。ちょこちょこ乗って、バイクと一緒に時を過ごしてほしい。それはやがてかけがえのないひとときに変わっていくはずだから。

バイク④　乗れば乗るほど、ムダな力が取れる

初心者が長時間乗ると、始めのうちはお尻が痛くなることがある。椅子のようにどっしり腰かけて漕ぐから、こういうことが起こるのだ。だが、乗り続けていくうちに普通は自然と痛まなくなる。サドル（saddle）は椅子ではなく、その名のとおり鞍《くら》だ。乗馬の騎手は鞍にどっしり腰かけず、あぶみを踏んで中腰で乗るものだが、バイクも同じだ。サドルのクッションが沈み込むほど体重を乗せて座るものではない。

慣れた人は抜重《ばつじゅう》といって、体重が一点に集中しないような座り方をするし、脚に分散する術も身につけている。理想をいえばハンドル、ペダル、サドルの3カ所で体重は受け止めるものだ。

といっても、頭で理解してその体勢を取るのではなく、繰り返しなんども、時間をかけて乗ることでムダな力は自然と抜けるようになる。そうなると長距離を走っても疲れにくく、疲労を翌日に持ち越さなくもなる。だから、練習が楽しくなり、待ち遠しくなる。やがてバイクが得意種目になる日も来るだろう。

バイク⑤ 自転車のリスクを忘れるなかれ！

バイクは公道を走る立派な「車両」だ。自分の身を守るために、必ずヘルメットをかぶること！　そして、自分の安全対策と同時にすべきことは、ほかの人に迷惑をかけないための対策だ。交通ルールを守ることはもちろんだが、万が一に備え、賠償保険に加入することも忘れないでほしい。ヘルメットと保険は走り出す前に準備しよう。

子どもの乗っていた自転車が衝突して、歩行者が重度の後遺障害による寝たきり状態となり、1億円近い賠償判決が下った事故。女子大生が両手がふさがった状態で自転車に乗っていて、高齢者にぶつかり、相手が亡くなってしまった事故。ここ数年で、自転車事故は世の中の注目を浴びるようになった。ママチャリでさえ人の命を奪うという認識が、広く浸透している。

自動車は買うと賠償保険に加入することが義務づけられているように、自転車でも賠償保険の加入を義務化しようという動きが全国的に進んでいる。ご存じだと思うが、自分のケガを金銭で補償してくれる傷害保険と、自分の過失で加害者となり、相手にケガをさせたり、物品を破損した際に補償してくれる賠償保険とはまったくの別モノだ。だから、「自分はたしか保険に入っているはず」と安心している人も、ちゃんと賠償保険までカバーしているかどうか、バイクに乗る前に確認しておきたいもの。

あまり脅かすつもりはないが、万が一の不安を軽くし、心おきなく練習に励めるのだから、自転車賠償保険は加入しておいたほうがよいだろう。保険に加入せず、事故の際には相手に謝って立ち去る人もいるが、ケガの程度はその場では正確に分からないもの。後から相手が警察に届け出て、問題の処理が複雑化するケースもあるという。

ここでそんな複雑なケースに持ち込まないためにも、一般社団法人「自転車安全利用促進協会（BiSPA《ビスパ》）」が行う自転車損害賠償保険のサービスを紹介しよう。

①事故が起きたら保険加入していることを伝える

自動車同士ならば軽微な接触でも、まずは警察を呼び、ケガ人がいたら救急車も手配し、さらに保険会社にその場で連絡を取るところだが、自転車事故の場合に、あなたはこの一連の行動を冷静に取れるだろうか？　車なら保険証書や関係書類を車内に置いている人も多いだろうが、自転車に書類を積んでいる人などいない。ちゃんと賠償保険に入っていることを相手に明示できるような工夫があれば一番だ。実はいま、その証明をスマホ画面に呼び出して、相手に見せられるような自転車専用のサービスがある。その保険に加入すると、自転車に１４０ページのような会員シールを貼っておけば、スマホで読み取って保険加入している証明を相手に見せることもできるし、肝心の保険会社への連絡やロードサービスへの問い合わせが、その場ですぐさま可能だ。とっさの事故でも、あたふたと慌てることもないので、相手も、そして、なによりも自分が安心して対応できるはずだ。

②自分の治療費・入院費も、相手への賠償もカバー

自分自身のケガによる入院・手術費用も、相手への賠償もサポートしてくれる。その上、賠償に関しては同居の家族全員も対象となる。さらに補償の範囲は自転車に乗っているとき以外にもおよび、日常生活のサポートも保障されているから安心だ。

③示談交渉

事故のとき、一番のポイントになってくる点は、相手との交渉だろう。これを一人で

やるとなると気が重いうえ、一度こじれてしまったら取り返しがつかない。だが、この保険に入っていれば、事故の相手との示談交渉も代行で含まれているので安心だ。

④走行不能の場合でも、無料搬送のロードサービス

また、事故ほどのトラブルではなくても、バイクの故障のことも頭に置いておこう。バイクに慣れてきた人にとって、ロングライド（遠乗り）は楽しいものだが、長く乗れば乗るほど、トラブルが起こる確率も上がってくる。遠隔地でのトラブルは、パンクしてしまった、ブレーキの故障やチェーンが切れる、段差に乗り上げてリムが曲がり走れなくなったなど、多岐にわたる。いずれにしろ、一人でロングライドしているときにバイクがダメになり、動きが取れなくなるとなれば非常に困るところだ。

まさかのときに助け合えるよう仲間と一緒に行くなどの予防策もあるが、動かないバイクを持ち帰らねばならない場合など打つ手がないときに、ロードサービスを利用できるこのシールを貼っておくことは、きっとあなたのお守り代わりになるはずだ。日本国内ならば、24時間365日いつでも駆けつけてくれる。また、鍵が紛失したり破損している場合、シールの貼付に加え会員カードを提示すればなんと開錠の手伝い

も含まれるから心強い。ただし、鍵の種類や状況、装備によって対応が困難な場合があるので、加入した際には確認をしてみよう。

⑤対応言語は日本語のほか14カ国語

これだけ外国人の方が日本に来るようになったご時世、事故になったときに相手は日本語が理解できないということだってあり得る。そんなときも安心！　なぜなら対応言語は、日本語のほか、英語、中国語、韓国語、インドネシア語、タイ語、ベトナム語、フランス語、ドイツ語、イタリア語、スペイン語、ロシア語などの14か国語。スムーズに対応することができる。

加入には、日本に住所があれば国籍は問わず、年齢制限もない。だから、自分のみならず子どもが自転車に乗りはじめたり、高齢の親がまだ乗っているならば、自転車における家族全体のセーフティネットにもなるだろう。ここで紹介したものだけではなく、ほかに損害賠償保険もあるので、ぜひ比較検討してリサーチしてみてほしい。

BiSPA(自転車損害賠償保険)の特長

※一般社団法人　自転車安全利用促進協会の「ビスパ(BiSPA)個人」の場合(2018年7月現在)。被保険者の自転車にQRコード付シールを貼付。事故・トラブルの発生時にはQRコードから専用コールセンターに連絡するシステム(1人あたり月額500円〈税抜〉)。

ラン① 実は一番危険な種目

ランの準備は、ランニングシューズに履き替えるだけ。特に専用のウェアがなくたって、だれでもすぐにできる身近な種目だ。だが、身近ということと安全だということはちょっと違う。なぜなら、実はランニングは非常に強度の高い激しい運動だからだ。

ランニングが習慣になると、走れる距離が少しずつ伸びていくから、練習はどんどん楽しくなっていくものだ。だが、1回に走る距離は十分に注意して、少しずつ伸ばしていくにとどめてほしい。というのは、この時期はケガ、故障が多発しがちだからだ。

走ることによってランの能力自体は確実に向上していくけれど、それに比例して脚がすぐに頑丈になっていくわけではないのだ。以前より走れることにうれしくなって、ついオーバーワークが続き、疲労からの回復が十分でないまま次の練習になだれ込むような日々が続くと、身体が拒否反応を起こし、いつか決壊し、故障となる。

疲労だけなら休めば回復するが、故障となると回復に長い時間を要する。練習の出鼻をくじかれることは避けたいから、この時期に距離やスピードは追わないことだ。

ラン②　正しい姿勢と歩き方がランの基本

だれにでもできる、もっとも身近な運動の一つがランニングだ。たとえば少し太ったとき、まず頭に浮かぶのは「明日から走ろうかな」ではないだろうか。

けれど、ランナーの集う皇居周回コースなどを見ると、皆さん実にさまざまな個性的なフォームで走っている。正直言って、フォームにムダや無理が多い。短時間ならまだいいが、長距離・長時間ではどこかに必ず負担や疲労が蓄積し、効率も悪いし故障を招く。

走りはじめの時期は、これを自覚するのが難しいから、まずは毎回の練習を始める前にちょっと姿勢をチェックしてほしい。近くに仲間がいるなら見てもらおう。いなければ大きな鏡やショーウィンドーに自分を映してもいい。まっすぐに立っているかどうか、正面や横からもチェックしよう。

確認してほしいポイントは、次のようなものだ。

〈正面から見た場合〉
・左右の肩が同じ高さになっている。
・腰の左右も同じ高さで、地面と水平になっている。
〈横から見た場合〉
・耳から肩、腰骨、膝、くるぶしを結んだ線が一直線で、地面と垂直になっている。
・肩が腸骨（骨盤の横の出っ張り）より後ろにある。

姿勢良く正しく立って、正しく歩ければ、あなたは正しく走れる可能性が高くなる。逆に、正しく立てていない人は、走っても正しいフォームにはならない。やみくもに走るのではなく、立ち姿から正しく矯正しないと、トレーニングを積んだところで速くもスマートにも走れない。ケガ予防のためにも日々、姿勢を意識してほしい。つまり、トレーニングは日常生活から始まっているのだ。

ラン③　最初は「10分走」が目標

ランニングシューズを買ったら、いままでまったく走ってこなかった人は、いきなり走るのではなく、とりあえず30分間歩いてみよう。

走るのは足がシューズに慣れてからだ。ランニングは最初、10分間だけにする。苦しいのを我慢して走るようではダメだ。トライアスロンのオリンピック・ディスタンスでランニングは10㎞ある。これは我慢して走り切れる距離ではないからだ。

運動経験がなかったり、乏しかった人にとって、最初の1～2カ月間は、いままでやったこともないことをいきなり始めるので、身体は思いもよらない反応を示すことがある。まして40～50代ともなれば、あちこちがきしみはじめている人だって少なくない。運動経験がないばかりに、疲労が蓄積していることに気づかず動き続け、身体を壊してしまっては意味がない。

この時期はトレーニングをするためのベースを作ると腹をくくって、トレーニングのためのトレーニングに徹してほしい。

ラン④　少しずつ「30分走れる身体」を作る

30分歩くことから始め、次第に10分走れるようになったら、新しい方法を試みてみよう。10分間走った後、10分間歩きながら身体を休め、いけそうならまた10分間走ってみるのだ。無理なくできるようになったら、合計30分の中をランニングが占める時間を少しずつ増やしていく。30分間、苦しまずに走り通せるようになったら、スピードを上げるのではなく、そのままのんびりペースで40分間走れることを目指そう。

時間ではなく距離を基準にして、ノルマみたいに目標距離を走ろうとすると、自分を追い込んでしまう。決めた距離を走れたとしても、どうしてもかかった時間が気になるから、次はもっと速く走ろうとする。これでは苦しいランニングになってしまうので、ビギナーはやらないに越したことはない。まずは、時間を基準に少しずつ伸ばしていくこと。速さを追うのはまだ早い！

レースが10㎞でも、最初から10㎞を走ることを目標にする必要はない。60分ゆっくりでも走れるようになれば、結果として10㎞など問題なく走れるようになっている。

コミュニティでやる気をチャージ、悩みを解消

トライアスロンでは、レース中、他人の助けを借りるのは厳禁だ。初めてのレースだから楽しめばいいとはいえ、競技時間が長いから正直しんどい。自分と対峙して孤独の中で戦っているとき、たとえ協力関係がなくても、仲間が同じレースに出ていると心強い。視界の中に仲間が見えなくても、「あいつもいまごろ頑張っているだろうな」と思えるし、運良くそばを走っていれば、言葉を交わして励まし合うこともできる。

トライアスロンを始めたら、どこかしらのコミュニティに入るとやる気をチャージできるし、悩みも相談できる。「スポーツのコミュニティなんて、マッチョで意識の高い人ばかりなんじゃないか」と腰が引けてしまう人もいるかもしれないが、そんなことはない。ほとんどのメンバーは、あなたと同じ普通の人なのだ。

職場の「隠れトライアスリート」を探し出すのもよし、ネットで見つけるのもよし、また、行きつけのバイクショップで常連客に声をかけるのもよし。コミュニティ探しは、やってみると案外チャンスは周りにあるものだ。

疑問は本を読むより周りにつぶやけ

無事コミュニティに参加して定着できたら、あとはラクだ。なにか分からないこと、知らないこと、できないことがあったら訊けばいい。いまどき分厚いマニュアル書を読んで答えを探すなんて、遠回りもいいところだ。そもそも本に書いてあるのは古い情報が多い（だから、本書では、具体的な知識よりも「情報を得るコツ」を中心に書いた）。

コミュニティなら、周りにつぶやくだけで解決法を知っているメンバーがきっと教えてくれるはずだ。トライアスロンをやっている人は、その出会いをとても素晴らしいものだと信じている。だから、周囲を巻き込みたいと思っている人が多いし、お節介焼きで教えたがりも多い。きっと「待ってました！」とばかり、関連情報まで含めて丁寧に教えてくれるだろう。

もしも、コミュニティの中では解決がつかないようなら、ネットでつぶやけばいい。きっと親切なだれかが「このサイトを見たら？」とか、「どこそこのバイクショップの店員さんに相談したら？」とか具体的なメッセージを送ってくれて、突破口が見えてくるはずだ。

初心者が抱くような疑問、困難は諸先輩方がとっくに経験済みだ。どんな悩みにもネットのどこかから親切な人がきっと救いの手を差し延べてくれるだろう。もしかしたら、自分の身の回りではなかなか出会えないようなレベルの高い人に、直接アドバイスをもらえるチャンスもあるかもしれない。

もちろん、教えてくれた人にはきちんと感謝の思いを伝えよう。たとえいまは顔さえ知らなくても、近い将来、どこかの大会で「トライアスロン仲間」として出会い、友情が生まれることだってありうる。

最もホットな情報は人が持ってくるものだ。練習を重ねつつ、現代の通信ツールを最大限に使いこなして情報武装も着々と進めていこう！

なぜウェットスーツは必要か？

国内のレースでは、事故予防の観点からスイムではウェットスーツの着用が義務づけられている。ウェットスーツはいわば着る浮き輪だ。非力な泳力を大いにカバーしてくれる。一度着て泳いでみると、スイムに対する不安がかなり軽減されるだろう。

ウェットスーツには量産品のレディメイドと受注生産のオーダーメイドがある。レディメイドなら3〜4万円、オーダーなら5〜6万と少し値が張るが、国産品は技術水準が非常に高く、レディメイドが多数派の海外でも評価が高い。1万円ぐらいの差額なら思い切ってオーダーするのもいいが、でき上がるまでに3週間ぐらいは見ておかないといけない。大会や練習のスケジュールを検討し、余裕を持って用意しよう。

なお、ウェットスーツはゴム製だから使用後は紫外線にさらさず、洗って日陰干しに。折り畳んでしまうと気泡が潰れて浮力を損なうので、吊るして収納するのがよい。

ただし、正しい手入れ・保管を心がけても、ゴムは経年劣化する。1年たてば浮力は大体3分の2ぐらいになる感じだ。アマチュアでも3年ぐらいを目安に買い換えよう。

3〜1カ月前

自分の力を育てる楽しみ

大人のトライアスロンは、タイムにはこだわらない。「完走」がゴールだから、無理せずに泳ぎ切る力、走り切る力を身につけることが第一だ。心身に余裕が出てくるこの時期は、走る喜びを味わい、練習の時間そのものを楽しもう。大会1カ月前には持ち物をチェック！

練習を重ねると、「ベストな状態」も変わる

練習が進むと、身体の変化を感じる人が現れる。いままで運動習慣がなかった人ならなおさらだろう。124ページで、履くべきランニングシューズはいずれ変わると書いたが、これには足が磨かれて形が微妙に変わる、支える筋力がついてくるなどの理由がある。ランナーとしてのレベルが上がるたびに、こういう変化は起こりうる。

また、シューズのメーカーの製品開発は日進月歩なので、どれをもってベストということはなく、製品情報にはアンテナを張り巡らせておくといい。休日にショッピングを楽しむついでに、お店に立ち寄って試し履きをさせてもらうのもお勧めだ。

同様のことは自転車にも当てはまり、慣れるにつれてライディングポジションは変わっていく。だから、買ったばかりのときにニュートラルに調整してもらったはずのセッティングを、いずれはショップに持って行き、そのときのベストな状態へと再度調整してもらわなければならない。この調整は自転車に乗り続け、成長する限り続くから、ショップとの関係は長く続く。

スイム① 10分泳ぐためのコツとは？

「6～3カ月前」の項では、まず50m泳ぐことを目標にした。それをクリアした人には、次に「10分泳げるようになること」を目指していただきたい。ランと同じく時間を基準にしているのには理由がある。長く楽に泳ぐには、構えないことが一番だ。「さあ、1㎞完泳するぞ」と肩に力を入れ、身構えると、そのとたん余計な力が入って浮きにくくなる。すると、急いで浮力を得ようとしてむやみに水をかきはじめ、さらに必死に動くと酸素を大量に消費してしまい、どっと疲労感に襲われる。

水中で力に頼ろうとすると、こうした悪循環が待っているだけだ。まずは身体から力を抜いて、リラックスして水に身を任せることが基本。水は戦うものではなく、身体を浮かせて楽をさせてくれるパートナーだ。

水泳の上手な子どもは、力なんかに頼らずに速く泳ぐ。大人だって理屈は同じだ。練習は回数を多く取り、力を入れずに泳ぐことをしっかり身につけておこう。ムダなエネルギー消費を抑えれば、その分をバイクとランに注ぎ込める。

スイム② 海を事前体験しておくべきか？

機会があったら大会前に海で泳いでおくといい、というアドバイスをよく聞く。もし行くなら、コミュニティのメンバーなどと連れ立ってにしよう。なにかあったときに打つ手がないから、一人では決して行ってはならない。これは海の大原則だ。

さて、ビギナーが海を恐れる理由はいろいろある。呼吸が制約される以外にも、足が立たない、底が見えない、コースロープがないから方向が分からないなど、挙げていけばきりがない。だが、レースは大勢で一斉に進むから、集団から盛大に脱落しない限り迷子の恐れはない。疲れたら泳がずに浮き身をして休むこともできるし、ブイに掴まって休むのもルール違反ではない（ブイやロープに掴まったまま進むのはダメだが）。

事前に泳ぐことができれば、安心材料の一つにはなるだろう。でも、当日はウェットスーツを着用するので、浮力はさらに増して、沈もうにも沈めなくなる。だから、たとえ海での予行演習ができなくても心配しないでほしい。プールでしっかり泳力の強化ができていれば、レース当日も泳ぎ切ることができるはずだ。

バイク 「目的意識」を持とう

この時期には、バイクは楽に1時間くらい乗れるようになっているだろう。そこで、練習に目的意識を取り入れることを提案したい。ただ乗るのではなく、どこかに行ってみようとか、なにかを見に行こうとか、少しずつテーマを設定するのだ。

慣れていない時期は、乗るという行為でいっぱいいっぱい。だが徒歩と異なり、バイクは移動距離が長く、たくさんの可能性が手に入る。せっかく乗るのだから、いろんなものを見に行こう、いろんなことをしに行こうという目的を持つと楽しいはずだ。

バイクに慣れるため、ノルマとして何分間乗るというステップを終えて、「あの山に行こう」「あの店に行こう」というふうになってくれば、「移動する楽しみ」が味わえるようになる。「苦しい練習」にせず、走ることを楽しみ、自転車との付き合い方を広げてほしい。遠出が心配なら、ロードサービス付の保険に入っておくと安心だ。

「バイクと仲良くなり、素敵な場所へ連れて行ってもらう」。自分の人生を豊かにするための大人のトライアスロンなのだから、この観点も見失わないようにしたいものだ。

ラン　走りながら考える

走る習慣のない人に限って、「走っている最中はなにを考えているんですか？」などと訊く。そう。1時間走れば、ランナーは1時間ずっと考えることになるのだ。だからいろんなことを山ほど考える。アイアンマンなら10時間ぐらい考える。

走りながら考えごとをするのは実は贅沢なことなのだ。だって現代人はいつも時間やIT社会の情報に追われている。これらから解放されることがランニングの最大の効用ではないかとぼくは思っている。大人のトライアスロンは体力増強だけが目的ではない。いろんな雑音から切り離され、自分だけの時間を過ごす。できるだけいろんなことを考え、それらのテーマが自分の中でまとまろうが、まとまらなかろうが構わない。ランニング中は脳内の血流もよくなっているから、考えるにはうってつけだ。

早い話が、ランニングは自分を「内観」できる。そんな時間をしっかり味わってほしい。いかに走るかなどばかり考えず、贅沢な時間を満喫してほしい。ランニングは自分と戦う我慢の時間ではなく、自分と語り合う大切な時間なのだ。

持ち物リストを作る！

大会の1カ月前になったら、必要なもののリストを作ろう。3種目のそれぞれに個別に必要になるものと、ウエアのようにレース全体を通して必要なもの、そして通常の旅行でも必要な生活用品に分けて書き出せば、見落としをなくせるだろう。

「出発の前日に荷物をパッキングすればいいでしょ？」という方は要注意。ちょっとしたグッズやバイクのパーツなど、ほしいものがショップになければ取り寄せになってしまう。場合によっては、注文して取り寄せるまでに日数がかかってしまうこともある。

また、トライアスロンの大会は、風光明媚な観光地での開催が多い。せっかくなので、大会後に遊ぶためのグッズや洋服も持っていきたいところだ。

左の表はぼくが普段、使っているものだが、それがすべての人にあてはまるわけではないと思うので、各人で作ってみてほしい。

用意したら○《マル》

■持ち物リスト

レース用	〈3種目共通〉	
	レースウエア	
	ウインドブレーカー	
	補給食	
	〈スイム〉	
	ゴーグル（2つ）	
	ワセリン	
	スイムキャップ	
	ウェットスーツ	
	スイムウエア	
	〈バイク〉	
	バイクウエア	
	携帯ポンプ	
	バイクボトル	
	ヘルメット	
	サングラス	
	アーレンキー	
	ペダル	
	バイクシューズ	
	〈ラン〉	
	ランニングシューズ	
	練習用ウエア（短パン、Tシャツなど）	
	キャップ、サンバイザー	

生活用品	Tシャツ、短パン	
	上着	
	パジャマ	
	靴下	
	サンダル	
	サプリメント	
	洗面道具類	
	常備薬、日焼け止め	
	パーティーウエア	
	ガイドブック、辞書	
	耳栓、アイマスク、マスク	
	スマートフォン、充電器	
	デジカメ、充電器	
貴重品	パスポート	
	参加チケット	
	お金	

★持ち物ワンポイント★

●レース用の荷物

・ウエア類　本番のウエアは、トライアスロン専用のものを選べば、着替えることなく3種目を1着でまかなえる。ただし、気をつけてほしいことは、スイムキャップ、スイムウエア、予備のゴーグル、バイクウエアなど、レースだけでなく練習に使うものも持っていくこと。ウインドブレーカーも重宝する。レースは気温の低い早朝にスタートすることが多く、フィニッシュ直後も身体が冷えるが、そんなときにさっと羽織れるし、雨のときは雨除けにもなる。

サングラスは夏場の大会が多いトライアスロンでは必須。日焼けは疲労につながるので、キャップやサンバイザーも用意しておこう。

・補給食　ゼリーやエナジーバーなどの補給食は少なくとも1回は練習の中で試食をし、自分との相性を確かめておこう。現地調達はリスキーなのでお勧めしない。

・バイク用品　うっかりしがちなのはペダル。バイクを分解したときに家に置き忘れ、現地でパニックになったという実例もある。また、バイクシューズも忘れずに！

●生活用品・貴重品

・常備薬類・日焼け止め　海外の場合は体調を崩すこともままあるので、体質に合った常備薬を家から持って行く。日光はキャップやサンバイザーでも防ぐが、リゾート地の日差しは強いので、日焼け止めで二重のガードを。

・衣類　練習用の防寒着とは別に、薄手の上着を用意。ホテルや飛行機は冷房がきつい所もある。パーティーウエアはレース後の表彰パーティのためのもので、男性なら襟の付いたシャツ（ポロシャツ、アロハシャツなど）であればＯＫ。女性ではサマードレスでおしゃれをする人も多い。あえていつものＴシャツ、短パンと替えることで、その世界観を楽しむ感覚も大切にしたい。

・耳栓・マスク　これは飛行機での安眠用。

●貴重品

・パスポート　海外のレースならパスポートの有効期限もチェックすること。結婚して姓が変わった人は、きちんと書き換えが済んでいるかどうかも要チェックだ。

身体のメンテナンスのカギは？

ウォーミングアップやメンテナンスというと、自己流で適当に済ませる人がいるが、残念ながら大人の身体は、ケアなしには激しい運動に耐えられない。筋肉が硬くなっているし、仕事で座りっぱなしの生活習慣が、身体の退化に拍車をかけている。たまに運動すると、気づかないうちに、身体のそこかしこに無理したツケが回ってしまう。「でも時間がなくて、そんなことをゆっくりやってる暇なんてないよ」という人は、トライアスリートとしての寿命を延ばすために、その考えを改めてほしい。

特に、準備運動はきちんとする人でも、練習後のクールダウンは手を抜きがちだ。しかし、身体の状態を回復させるクールダウンを怠れば、次第に疲労が重なってオーバーワークになり、ケガの呼び水になりかねない。だからクールダウンは必要なのだ。

クールダウンのストレッチとしては、162～165ページのようなものがある。ポイントは、肩甲骨と股関節周り。この2点は、腕、脚と体幹の接点に当たる部分のため、ハブとして動き通しであり、この部分の蓄積した疲労を取ることで大きな故障を防ぎ、身体全体の動きも高めることができる。

　とりわけ肩甲骨周りには脂肪燃焼と関係の深い褐色脂肪細胞が多いといわれるので、肥満に陥りやすい中高年は見逃せない。また、股関節周りをケアすることで、バイクやランからくる腰痛も防げる。肩甲骨と股関節は、スポーツをするにせよ、しないにせよ、人体にとって重要な箇所なのだ。ぜひ、ストレッチしながら自分の身体とコミュニケーションを取り、チェックすることを習慣化してほしい。

　そして、たまには整体院などでも身体をチェックしてもらおう。ぼくがプロだった時代は週に一度だったが、トライアスロンの初心者なら半月に一度はケアしてもらうのがオススメだ。経験豊富なプロに定期的に身体を見てもらえれば、普段と違うおかしな変化があっても早めに気がつき、大きなケガに至る前にケアしてもらえるはずだ。

　通う店を決めておけば、担当してくれるスタッフが変わっても、カルテで自分の情報を確認してもらえる。行くたびに「なんのスポーツをしているんですか？」などと不毛な質疑応答を繰り返すのでは、こちらも相手に安心して身を委ねられない。

　毎日のセルフケアと、定期的なプロの施術は、身体管理の両輪だ。両方を上手に使いこなし、大会に向けて身体を育ててほしい。

簡単ストレッチ❶

首から肩周り

❶左腕を背中に添える。

❷右手で後頭部を軽く押さえる。

❸息をゆっくり吐きながら、頭を右斜めに倒す。

❹10〜15秒ほどゆっくり呼吸しながら、この状態をキープ!(このとき、左腕の位置を変えないように)。

❺反対側も同様に行う。

簡単ストレッチ❷

背中

❶

手のひらを
反転させる！

❷

❸

斜め前方45度に
引っ張る！

❶右手をまっすぐ上にあげる。そのまま腕を肩から反転させ、手のひらが後ろ側を向くようにする。

❷左手で右手首をつかむ。

❸左手でゆっくり左斜め前方45度に、息を吐きながら引っ張る。

❹この状態を10~15秒キープし、ゆっくり腕と身体を元に戻す。

❺反対側も同様に伸ばす。

簡単ストレッチ❸
お尻周り

❶

❷

❸

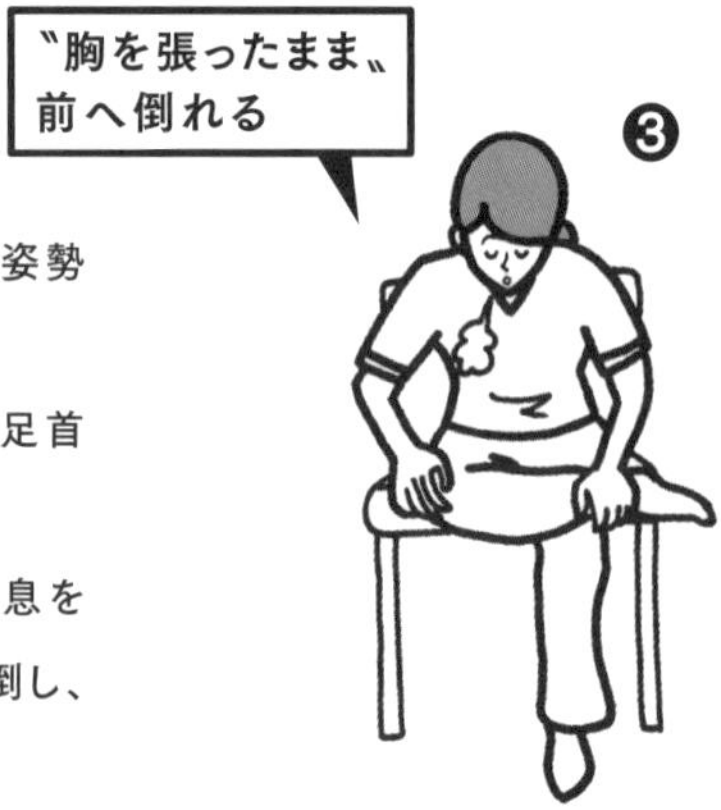

❶胸を張り、背筋を伸ばした姿勢で椅子に座る。

❷「4の字」を描くように、右足首を左脚の上にのせる。

❸胸を張ったまま、ゆっくり息を吐きながら前方へ上体を倒し、10~15秒キープ。

❹ゆっくり上体を戻し、反対の足も同様に行う。

簡単ストレッチ❹
太もも裏

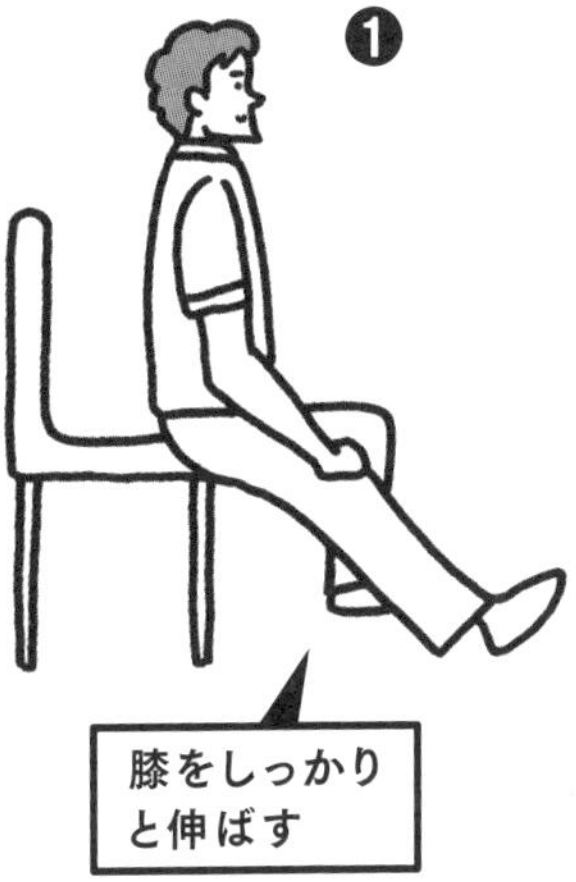

❶椅子に浅く座り、右膝をしっかりと伸ばす。
❷胸を張り、骨盤を立てた状態で息をゆっくり吐きながら前方へ上体を倒す。
❸膝上を軽く押し、膝を伸ばしたままで10~15秒キープ。
❹反対も同様にゆっくりと行う。

ストレッチ効果UP！ のポイント

●呼吸は〝吐く〟を意識する
●1箇所につき、10～15秒（3吐息分くらい）キープする
●大切なのは「継続性」。短時間でもやり続けることが大切！

ストレッチ指導／Re.Ra.Ku

1カ月前～大会前日

直前は休んだほうが得をする

大会直前は追い込みの時期ではなく、現状をキープし、心身を安定させる時期。本番を万全の体調で迎えるために、よく眠り、仕事面でも無理をすることは避けよう。レース初体験の緊張や不安は、当日の行動予定表を作っておくことで軽くなる。

練習の質を落とさず、量を落とす

大会直前になって、いままでに積んできたトレーニング、練習の内容に不安を感じ、ついつい最後の仕上げをしたくなるビギナーがいるが、これは絶対にダメだ。トレーニングは大会の1週間前でひとまず打ち切り。ここまで鍛え上げた実力で勝負するんだと、腹をくくってほしい。

土壇場の特訓で成績が伸びるほどトライアスロンは甘くない。ここまで来たら休息に専念しよう。焦りに負け、うっかり追い込み練習をしてしまうと、当日に疲労を持ち越し、パフォーマンスは確実に低下する。いままでの努力も水の泡だ！

この期間はギアの準備をするなどして、静かに過ごすのが一番だ。しっかり休息が取れ、回復を実感できたら、前日はジョギング程度で軽く動いてみよう。これは運動量を確保したり、能力を強化するためのものではなく、動きの確認をするだけ。軽く汗をかく程度なら、リラックス効果も期待できる。前日特有の落ち着かない気分をなだめ、眠りにもつきやすくなるはずだ。

残業は避けて、ぐっすり寝ること

レースが近くなると、焦りから特訓に明け暮れる人がいる。その一方で、休暇を取るためにバタバタと仕事を片付け、残業続きで睡眠時間を削ってしまう人もいる。完走するための体力を養う大事な時期なのに、これではいただけない。まずレース前は、練習はもちろん仕事もあまり詰め込まず、精神に余裕を持ち、睡眠時間の確保に努めたい。レースで大切なのは疲労のとれたフレッシュな身体なのだ。

休む前はどうしても仕事が立て込んでくるというのはよく理解できる。でも、本来は練習を続ける過程で、トライアスロンと仕事を両立するための時間管理術を身につけていくものだ。大会直前になって仕事とのバランスを崩してしまった人は今後の反省材料として、自分の仕事の姿勢を見直すのもいいかもしれない。

社会人のトライアスロンは、あくまでもファンスポーツだ。仕事をおろそかにしてはいけないし、両立させるために無理をしてもいけない。第一、それでは長続きしない。トライアスロンはあなたにとって、仕事を含めた人生を充実させる手段なのだ。

バイクは行く前と到着直後のWチェック！

この時期までに、バイクはいつも見てもらってきたショップで総点検と最終的な整備をしてもらうこと。現地の大会関係者は参加者のバイクの世話などしてくれないし、なにかマシントラブルがあっても現地ではパーツや工具の手配は大変だから、極力避けたいものだ。出発前に遺漏のないよう、十分な余裕をもって準備を心がけよう。

また、バイクをショップから現地に送りたい人は、何日前までの手配が必要かあらかじめ確認し、間に合うように手配すること。物流が混み合うシーズンに鉢合わせすると、思いのほか日数がかかってしまうこともある。また、コンビニから宅配便で送るわけにはいかないので、宅配便の支店に問い合わせておこう。地域や運送会社によって対応も違うので、早めにリサーチの上、手配するべし。

現地に着いたら、すぐに自分で自転車を組み立てる。輸送時にトラブルがあって、壊れていたり部品が紛失していたりしても、早期発見できれば対応策を考えられる。もちろん、そうならないようにきちんとして輪行をしておこう。

「行動予定表」がお守りになる

大会の多くは開始時刻が早いため、朝の準備はあわただしくなる。当日になってから一日のスケジュールを考える余裕はないし、これをやると見落とし、忘れ物の一因になる。必ず前日までに、当日の流れを頭の中でシミュレーションしながら、使うものをバッグに詰めていこう。

また、当日のスケジュールは、行動予定表として紙に書き出しておくと安心だ。朝目が覚めたら、それに従って機械的に進めていくのがいい。

会場には大勢の参加者が詰めかけるため、混雑に伴い、なにかと待たされることも予想される。余裕を持って会場入りしておくことをお勧めしたい。会場でも行動予定表を見ながら進めていけば、焦る気持ちにブレーキをかけられ、スタート前の緊張もほぐれるというものだ。

以下は、普段ぼくが使っている行動予定表の例だが、これぐらい細かくしておけば、たいていのことには対処できると思う。

■行動予定表（例）

5:00	起床
5:10	シャワー
5:30	朝食
6:00	休憩、トイレ
6:15	ストレッチ、バイク空気入れ
6:30	ホテル出発
6:45	会場着、ナンバリング
7:00	トランジションエリアセットアップ
7:20	ジョギングでウォームアップ
7:30	ウェットスーツ着用
7:35	スタート地点へ、スイムアップ
7:45	スタート地点整列
8:00	スタート！

★忘れ物がないよう、前日に持ち物は1箇所にまとめておく。
★朝食は遅くともスタートの2時間前までに摂る。
★トイレは出発前にホテルですませる。
★会場までのルートは前日までに確認。ゆとりを持って出発！
★ウォームアップは身体が温まる程度でOK。
★終了後は、身体を冷やさないように上着をはおるのがオススメ。

大会当日

あとは楽しむだけ

とうとう訪れたレース当日。朝目覚めたら、落ち着いて準備を済ませ、水分を摂り、会場へ向かう。トランジションエリアで一式を配置してウォーミングアップをしたら、静かに自分だけの時間を過ごそう。記念すべき、あなたのトライアスロンデビュー!!　忘れられない一日にしよう。

朝起きたら朝食と水分補給を

当日は確実に身体を目覚めさせるために、スタートの3時間前までに起床。起きたら行動予定表にのっとって動きはじめれば、心が落ち着いてくるだろう。

・朝食

朝食は、できるだけ食べ慣れていて、消化吸収しやすいものをいつも通りの量だけ摂ること。ホテルの朝食はバイキング形式も多いが、胃にもたれないものを選ぶ。食べることで代謝が上がって、体温も上昇し、心身が覚醒する。ここできちんと食べておかないと、長丁場の途中でガス欠を招きかねない（ただし、食べ過ぎもNG）。遅くともスタートの2時間前までには食べること。

・トイレ

その後は、トイレもホテルで確実に済ませておこう。会場のトイレは間違いなく混雑し、ロスタイムになるし精神的負担にもなるので、出発前が絶対お勧めだ。

・水分補給

意外と見落としがちなのが水分補給だ。睡眠中の発汗で朝の身体は軽い脱水状態に近づいている。1回では飲みきれないので、出発までに何回にも分けて、少しずつこまめに水を飲んでおくこと。

第1種目のスイム中でもかなり発汗はしているが、身体が濡れているから気づかない。水分補給もできないので、意外に脱水状態になってしまう。さらに、緊張すれば交感神経が優位になって、血液はドロドロになりやすい。

事故予防の観点からも、朝の水分補給は重要だ。熱中症のほかに、足がつったり、心筋梗塞も水分不足が関係する例があるといわれている。レース中はもちろんだが、レース前も可能な限り、水を飲み続けよう。

シミュレーションとウォーミングアップを

会場に着いたらナンバリング（腕や脚に番号を書く）を受け、一式を持ってトランジションエリアに向かい、自分のスペースにセッティングを行う。そのとき、レース中は自分がここでどう動くか予想しながら配置を決めていく。

「スイムが終わったら、ここまで走ってきて、ゴーグルとキャップはここに置く。ウェットスーツはここにかける。ここに用意しておいたバイクシューズを履いたら、ここにあるヘルメットとサングラスを着用して……」などとシミュレーションをしよう。どこにバイクシューズやヘルメットを置けば素早くできるか考えて、配置を決めていく。ムダな動きは極力避けたいので、靴下を履くなら畳んでおかず、足を入れやすい形にそろえ、シューズはシュータンを開いておくなど、できることはいくつもある。

そして身体が冷えていると筋肉が伸縮しにくくなるので、筋群をアクティブストレッチで刺激し温めたら、その場ジョギングなどで呼吸が少し速くなるくらいまでウォーミングアップしよう。身体が温まる程度に、あくまで軽く動くだけでいい。

スタート前に自分の時間を持つ

スタート前には、静かな自分の時間を作ろう。トランジションエリアで一式の準備を済ませ、ウォーミングアップを終えたら、今日自分がなんのために、これからなにを行うのか、頭の最終整理だ。そしていままで練習を頑張ってきた自分を振り返ろう。

スタートラインに立てた時点で、あなたはもう成功なのだ。トライアスロンの中で一番大変なこととは、まず「やる！」と決意すること。あとはコツコツと時間を調整し、練習を積み重ねること。レース当日までが大変だったのだ。それらを乗り越え、スタート地点にいるということは、実はもうレースを9割方終えているようなもの。あとはステージに躍り出て、ごほうびを取りに行くだけ。もっとも楽しい時間だ。

もし完走を逃したとしても、課題と楽しみが先送りになったと考えてほしい。あなたはたまたま「今回ではなかった」というだけのこと。めげずに努力を重ねて次回に完走すれば、1回目で取れた人とは果実の重みが違うはず。そんなことを心配する必要などない。さあ、深呼吸して、いったん心を静めて、行ってらっしゃい！

スタート直後が一番危険

スタートは選手だけに与えられる至福の瞬間だ。この日のために積み重ねてきた努力、練習を胸に、心ゆくまでこの緊張感あふれる時間を味わおう。

だが、スタート直後には魔物も潜んでいる。実はマラソンの大会でもスタート直後は用心すべきポイント。極力自分のペースを守ってスタートするべきなのに、周囲の人たちが盛り上がって全力疾走みたいに走りはじめると、ついつられてオーバーペースでスタートしてしまうことも。つられて無理すれば、後で失速を招くのは明らかだ。

トライアスロンでも同じで、ましてスイムは周囲が見えにくい。大集団の中に飲み込まれると、隣りの人の腕が当たってゴーグルがずれたり、接触事故にも巻き込まれる可能性がある。我先にと前に出ようとせず、周囲にスペースが確保できるよう位置を冷静に見極めよう。

長時間のレースなので、予測不能なアクシデントに見舞われることもあるだろう。起きてしまったことにはくよくよせず、スタートしたら前を向いて進むのみだ。

給水の重要性

マラソンの大会と同じく、トライアスロンの大会では要所要所にエイドステーションが設けられていて、飲み水や補給食が用意されている。ほかのものが取れなくても水は必ずもらって、喉の渇きがなくてもレース序盤から小まめに補給するべきだ。

一度に多量に飲むと胃の中に溜まってしまい、それが振動で揺れると脇腹痛の一因になる。また、喉の渇きを感じなくても脱水状態は始まっているから、飲みたいかどうかを判断の材料にせず、エイドステーションがあったら機械的に取って、飲もう。涼しいと汗は出にくいが、実際には不感蒸泄といって、皮膚や呼気からも水分はどんどん失われる。身体の水分が3％失われると脱水症のリスクが増し、4％では明らかに不快な症状が現れ、動作にも影響が出はじめるという。

ただし、実際には2％減っただけでも強い渇きを感じ、血液の濃縮が始まるそうだ。濃縮の進んだ血液は循環が悪化するから、末梢では栄養と酸素が不足しはじめる。当然、パフォーマンスは悪くなる。だからこそ、渇きを感じる前に飲むべきなのだ。

アクシデントにどう対処すればいい？

スイムでもバイクでもランでも、アクシデントの際に一番重要なのは慌てないこと。慌てて動くと、さらに事態が悪化することも考えられるからだ。

3種目の中では第1種目のスイムが相対的にリスクが高い。たとえば足がつった場合は慌てず、コースの真ん中から速やかに離脱することだ。そうしないと後続の泳者が前がよく見えないまま突っ込んできて、あなたの上に乗り上げてしまう。まずその場からちゃんと離れ、安全な場所を確保しよう。

次に仰向けになって浮き身の体勢をとって深呼吸する。人間は呼吸できると落ち着くようにできている。だまされたつもりで仰向けになり、深呼吸で冷静さを取り戻せたら、どこがつっているか自分で探そう。つった箇所が分かったら、手でほぐしたり、軽く伸ばすようなことを少しずつしていくと、しだいに良くなっていくはずだ。

バイクでもランでも、トラブルへの対処は基本的には同じ。まずは慌てず落ち着き、そのままコース上に残ると、ほかの走者の邪魔になるからコースアウトしよう。バイクでは転倒した場合、安全な場所に退避したら全身をチェックし、バイクも全体をチェックする。身体に傷がなくても、コースに急いで戻らないこと。たとえヘルメットでぶつかったとしても、脳震盪《のうしんとう》を起こしていたらまたまた転倒し、落車しかねない。

身体の問題以外に、バイクの故障が起こることも考えられる。レース中はだれも手を差し延べてはくれない。パンクをしたらタイヤの交換になるから、これは普段から練習しておいたほうがいい。というか、できないでパンクしたら、そのレースは終了になってしまう。

なお、周回コースの場合、こういう場面でうろたえ、周回数を勘違いするのも怖い。ぼくの経験上、人間は3周以上になると、てきめんに数え間違いが多くなる。対策の一つとして、タイムを見るのはお勧めだ。怪しくなったら、普段の自分が1㎞あたり何分で走っていたか、過去のデータを参照すれば周回数を検算できる。自転車ならば車体に周回の総数分のシールを貼っておき、1周ごとに1枚ずつはがしていく人もいる。自分なりの方法を工夫しよう。

ちなみに、周回数が不足した場合、その人は失格となり、記録としては認められない。気の毒だが、レースでは毎回数名がこれをやっているからご用心。

ゆるやかなリカバリーのコツ

社会人たるもの、レースが終わったら一刻も早く体調を整えて、翌日の仕事に備えなければならない。まずは水分補給を優先すべきだ。疲労した部位はよくストレッチし、アイシングをするのもいいだろう。筋組織にはミクロレベルで損傷が起きているはずだ。回復には材料となるタンパク質が必要だし、筋組織への吸収を助ける糖も必要になる。直後にはプロテインもいいが、普通の食事もバランスよくしっかり摂ろう。

筋肉痛、筋疲労は数日から1週間でとれるはずだが、身体の内側に、疲労がもう少し残っていることがある。完走の感動から、またすぐに練習したがるビギナーを見かけるが、ダメージが残っているうちに練習を繰り返すと身体に負担が重なり、やがて大きなトラブルを招く可能性がある。

レースの後、1~2週間は静かに過ごし、動きたければ軽く泳いだり、ゆっくりジョギングやウォーキングなどでアクティブレスト（身体を軽く動かして回復を促す方法）に努めて、筋肉に澱む疲労物質の排出を促そう。

「しめくくり」に大会の感想や記録を残し、発信！

大会を走り終えた後は、しめくくりをきちんとやっておこう。トライアスロンを始めるにあたり、〝やる〟と周囲に宣言をしたのなら、大会後には宣言の後始末をしておく。宣言をすることと報告をすることは、セットで考えるのがいい。

普段から練習内容をＳＮＳに書く人がいるが、これはいい習慣だ。そしてもちろん結果も書き残そう。結果を報告することで自分自身の気持ちを整理できるだろう。満足でも不満が残っても、気持ちを整理できれば、それが次へのモチベーションになる。この作業は人に報告しているようでいて、実は自分の中で体験を整理している時間なのだ。自分の内にだけとどめておくと、喜びも悔しさもいま一つ広がりにくい。どちらも広げて、大会の余韻を楽しむためにも報告をするのはすごくいいことだと思う。

おっと。一緒に頑張った仲間とは大会後、きちんと打ち上げをやるのもmustだ！仲間だからこそ分かり合えることはたくさんあるし、共有した時間はなにものにも代えがたい。これは存分に満喫してほしい。

一度始めたら「やめる」ではなく、「休んでみる」

大人がトライアスロンを続けていて、「どこまでも記録が伸びる」ということはあり得ない。身体の老化もあり、個人差はあるものの、始めてから3～5年で多くの人に停滞期が訪れるようだ。すると、記録の向上だけを目的にやってきた人は途端につまらなく感じて、残念なことにトライアスロンから離れていってしまうケースもある。

だが、「楽しむ」ことを基準にしている人は続けられる。練習に行って気の合う仲間に会い、SNSでも語り合う。記録が伸びなくても練習を続けることで、いつも身体の調子がよく、おいしく食事を楽しめて、いい睡眠がとれる。それを基準にする。

ときには記録が伸びずに面白くなくなってきたり、仕事が忙しくなってしまうこともある。そんなときは「やめる」のではなく、いったん「休む」ことだ。できそうな時期が来たら、また始めるまでのこと、と考えるのも手だ。

トライアスロンは「ライフスポーツ」。仕事で育休やリフレッシュ休暇を取るように、人生の節目に合わせて、休んだり復帰したりを繰り返して楽しめばいい。

「もっとトライアスロンを知りたい！」という人へ

トライアスロンショップ ATHLONIA

「トライアスロンで人生を豊かに！」。そんな願いが込められた、白戸太朗によるトライアスロン総合会社!?

新国立競技場にほど近い、鳩森八幡神社の敷地にぼくたちの拠点、アスロニアはある。ここにはトライアスロンをゼロからスタートする人も、経験者も、レースを確実にフィニッシュするためのすべてが用意されている。スタッフは全員トライアスロンが好きで、休日には各地のレースに参加する面々だ。

「女性スタッフにはロングの年代別優勝者もいますから、女性ならではのご相談にも柔軟に対応できますよ」と語るのは蒔田俊史店長。トライアスロン歴15年になるベテランの彼自身もロングが専門だ。

店で扱っている製品は実際に走っているぼくたちの目で見て、いいなと思ったものを厳選している。とりわけオーダーメイドのウェットスーツには、ぼくのこだわりが詰まっている。

「トライアスロンはこつこつと練習を積み上げていき、自分が向上していくプロセスを楽しめる競技なので〝大人〟に向いたスポーツだと思います」と店長。ぼくも指導や政治活動の合間にはちょくちょく顔を出すようにしている。ご相談のある方は気軽にお声をかけていただきたい。

アスロニア

東京都渋谷区千駄ヶ谷1－1－24　鳩森八幡神社ビル1階　☎03・3470・7227
www.athlonia.com
平日12：00～21：00、土日祝11：00～19：00。火曜定休。

オリジナルを含め、主要ブランドの多彩なアイテムが充実。一方で重視しているのは、フィッティングやトレーニングなどのソフト面。東京・千駄ヶ谷駅から徒歩5分、代々木公園や神宮外苑が近い恵まれたフィールドを生かし、バイクトレーニング専用スタジオ、ロッカー、シャワーを備えた総合的なクラブハウスとなっている。

各地でのスクールや大会も充実！

●トライアスロン・アカデミー

全国14カ所で、随時受付中！　中心となるのはスイム。25m泳げない初心者から一段上を目指したい方までを対象に、トライアスロンの専門知識を持つコーチが指導。

●大会

レースで味わう緊張感や苦しさ、楽しさ、喜び。そして、その先にある達成感には「人生を変える力」がある。アスロニアでは現在、毎年4つの大会をプロデュース(187ページ～)。さらに他の大会のサポートなども行っている。

ぼくがアスロニアを立ち上げたわけ

白戸太朗

いつのときからか、「日本人のトライアスロン観はもったいない」と思うようになった。だから皆にそれを伝えたくなり、示したくなった。生涯スポーツとしてのトライアスロンの世界観を正しく伝えるためには、選手としてのぼく自身がまずきちんと走ること、さらにコーチとして愛好家にそれを伝えること、さらにメディアを通して発信していくことが必要だった。

そして、そんな世界観を体感できる場を創ることも必要となり、大会も主催するようになった。もちろんそれは競技ではなく、参加者がライフスタイルを発表するための場としての大会だ。そんな大会は当時の日本にほとんどなかったと思う。

そんな活動を行っているぼくを見ていた、ある尊敬すべき経営者の方が、「一人で頑張るより組織でやったほうがトライアスロンは広がるよ」というアドバイスをくれた。そこで志を同じくする仲間を集め、アスロニアを立ち上げた。

でも、やっていることは以前とまったく変わりがない。道具や助言が必要なら、ここで提供できるし、レースという目標を設定したら、そこまで導くためのスクールも必要だから、これも立ち上げた。トライアスロンの入り口から出口までやってしまおうというのがアスロニアなのだ。

Try!
athlon!

アスロニアプロデュースの4大レース

レースで得た印象や感触は、その後のトライアスロンライフを間違いなく、大きく左右する。楽しかったか。きついレースだったか。スイムなら暖かく美しい海だったか。波が高くて奮闘したか。たとえそのときは大変だったとしても、全体として「いい体験をした」と思えれば、その思い出は練習のモチベーションを高めてくれる。

だから大会は、ロケーションも雰囲気も参加者にとって魅力的でなければならない。アスロニアがレースをプロデュースするに当たって、一番に目指したのはそこだった。そんなアスロニアが国内・海外で開催する人気の4大レースをご紹介しよう!

ホノルルトライアスロン

http://www.honolulutriathlon.jp/
開催時期/毎年5月2週目頃
開催地/米国ハワイ州ホノルル アラモアナビーチパーク

世界で一番走りやすく、ファンスポーツとしてのトライアスロンの原点を感じさせてくれる大会。漕ぎやすく走りやすいフラットなコースで、スイムもリーフの中だから波も海流もない。さらに制限時間がないから、気持ちが楽。気候も穏やかで、ノンストレスで参加しやすい。ここからスタートすると、絶対にトライアスロンを好きになれる! リピーターがとても多いのもうなずける。

距離はオリンピック・ディスタンスとスプリント・ディスタンスがあり、子ども向けのレースも充実。

〈競技内容〉
オリンピック・ディスタンス 51.5km(スイム1.5km/バイク40km/ラン10km)
スプリント・ディスタンス 25.75km(スイム0.75km/バイク20km/ラン5km)
その他、10代向けのジュニアやユース、9~10歳のキッズなどもあり。

アイアンマン70.3セントレア知多半島ジャパン

http://www.ironman703.jp/
開催時期／毎年6月上旬頃
開催地／愛知県知多市、常滑市、半田市

日本で唯一である、アイアンマンの半分の距離、70.3（マイル）シリーズ戦の一つ。稼働中の空港が舞台で、受付から表彰式まで空港で行われるのは世界的にも珍しい。距離は113.1km（70.3マイル）のミドル・ディスタンス。名古屋から鉄道で約30分で、大都市圏からこれほど近い開催地は貴重。

〈競技内容〉 ミドル・ディスタンス　113.1km（スイム1.9km／バイク90.1km／ラン21.1km）

九十九里トライアスロン（99T）

http://www.99t.jp/
開催時期／毎年9月中旬頃　開催地／千葉県一宮海岸周辺

99Tはぼくの思いつきで命名。ホノルルトライアスロンに行くのが難しい方に、日本でも楽しんでもらうことをテーマに企画・立案した。大会運営ではお祭り感を重視し、ビーチヨガやサーフィン、BBQランチなどのアフターイベントも豊富に用意。これはホノルルの空気感を再現するのが狙い。東京から1時間半で行けるのも魅力。

〈競技内容〉
オリンピック・ディスタンス　51.5km（スイム1.5km／バイク40km／ラン10km）
ミドル・ディスタンス　113.1km（スイム1.9km／バイク90.1km／ラン21.1km）

アイアンマン70.3サイパン

http://www.ironman.com/ja-jp/triathlon/events/asiapac/ironman-70-3/saipan.aspx#axzz5KibAalQC
開催時期／毎年10月下旬頃　開催地／北マリアナ諸島サイパン

70.3マイルのアイアンマンシリーズの一戦。手つかずの美しい自然が残されていて、その中を走るのは快感！　そしてなんといっても現地の人が温かい。南国なので暑いけれど、海の美しさは抜群！　日本からは空路でたったの約3時間。

〈競技内容〉 ミドル・ディスタンス　113.1km（スイム1.9km／バイク90.1km／ラン21.1km）

※開催日は、多少前後する場合もございます。

おわりに

読み終わってみて、あなたはなにを思っただろうか。

トライアスロンをやってみたくなったら、レースに申し込み、ネットもフル活用して仲間を探し、装備を整え、練習を開始してほしい。1年も経ったら、あなたはきっとトライアスリートへの仲間入りを果たしているだろう。

「ようこそ、トライアスロンの世界へ。

そして、おめでとうございます！」

そんなあなたは人生の残りの時間をけっして退屈することなく、ずっと遊べるアイテムを手にしたことになる。

「やらないよ」という人も結構。でも、読んだことで、なにかが心にちょっとでも引っかかったら、その感触だけを覚えておいてほしい。ぼくは多数のアマチュアの皆さまと接してきたけれど、スポーツが有意義なことは頭で理解しても、提案されてすぐに動きはじめる方ばかりではないことを痛感している。しかし、何年も経って、それこそ提案したぼくがとっくに忘れた頃になって始める人が少なからずいらっしゃるのだ。

ぼくが本書で投じた一石が、あなたの心の奥深くのどこかで小さな揺らぎを続けていて、なにかのはずみで心によみがえったら、そのときにもう一度、この本を取り出してほしい。もしかしたら、そのときに心を惹かれる種目はトライアスロンではないかもしれないが、それもまた結構。何か1種目だけでも、生涯にわたって楽しみ続けられるスポーツに出合えた人は、健康と幸福への切符を手にしたようなものだ。

スポーツで重要なのは、「楽しみ続けられる」ということ。日本人は真面目な人が圧倒的に多いから、なにかを始めると求道者みたいになってしまいがちだ。毎日何㎞走ろうとか、筋トレなら上げられる重量の数値ばかり追求したりとか、楽しんでいる気配も見当たらなくなってしまうケースが多いのだ。

トライアスロンのオリンピック・ディスタンスは51・5㎞。それをエリート選手でもないあなたが、つまり仕事を持つ多忙なビジネス戦士が挑むのだ。全国に35万人以上いると目されるトライアスリートたちは、なんともとんでもないことをやっている。

もはや呆れて笑うしかない。

そうなのだ。自分のやっているとんでもないことを客観的に俯瞰でき、笑い飛ばせないとダメなのだ。

人生を楽しむためのエッセンスがスポーツなのであって、スポーツが目標ではない。トライアスロンもエッセンスの一つ。身体と心にドライブをかけて、人生をもっと楽しんでほしい。

2018年7月吉日

白戸太朗

ぼくの
トライアスロン体験記
in ホノルル

Honolulu

登場人物紹介

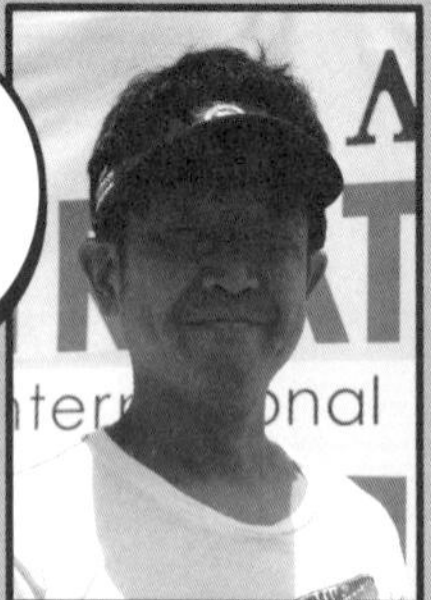

春雨 健太郎

出版社勤務。日々、予算管理に追われる中間管理職。家庭では３児の父。運動は15年ほどやっておらず、中年体型にもあきらめがついてきたお年頃。

白戸 太朗

プロトライアスリートとして、長く国内外で活躍。現在はトライアスロン普及のためにアスロニアを創り、ショップ・イベント開催を手がけるほか、一般愛好家の指導に力を入れている。

健太郎、人生に迷う

健太郎42歳。残業続きの仕事、あと30年の住宅ローン、子どもの進学費用、そして、年々緩んでくる身体……。毎日、そのプレッシャーを惰性で流しながら生きている。

でも、心の底では思っている。「自分はこんなもんじゃない！　もっとカッコいい人生を送れるはずなのだ!!」

運命の出会い

そんなウツウツとした思いを抱えているときに出会ったのが、白戸さんという男だった。自分より年上と思われるのに引き締まった肉体。そして、なによりも全身から発散される明るいエネルギーに目を奪われた。

白戸さんは、ぼくに笑顔で言った。

「モヤモヤしとるね。せやけど、大丈夫！トライアスロンは、そんな大人のためのスポーツなんだから」

バシャッ
バシャ
バシャ

ポチる勇気

自分を変えたい大人のためのスポーツ、トライアスロン。その第一歩は、「勇気」だという。

ぼくに勇気なんてあるのか？

「なんの勇気ですか？」と尋ねたぼくに、白戸さんは静かな声で言った。

「ポチる勇気や！」

その言葉に押され、ぼくはトライアスロン大会のホームページを開き、

「ENTRY」

のボタンをクリックしてしまった。

ポチッとボタンを押した瞬間、ぼくの週末は激変した。

専門店で必要最低限のアイテムをそろえ、平日は朝1時間早く起きてランニング。週末はプールへ行ったり、バイクの練習を少しずつ積み重ねた。

まだ不安はいくつもある。

でも、いまやらないと一生できない気がしたのだ。

自分だって変われると信じたい!!

TICKET JPN ✈ HNL

そして、ホノルルへ

とうとう半年後、ホノルルトライアスロン大会の本番を迎えた。家と職場を往復する毎日では、きっとたどり着けなかった場所。完走できるかどうか自信なんてないが、ハワイの青い空を見上げた瞬間、ここまでたどり着いた自分にジ～ンときた。

白戸さんに、コースを説明してもらって、

軽く練習に出発！

ちなみに白戸さんはオリンピック・ディスタンスのレースに参加する。

オリンピック・ディスタンス
スイム1.5km、バイク40km、ラン10km
スプリント・ディスタンス
スイム0.75km、バイク20km、ラン5km

本番！

大会当日！
夜明けの海で、
レースが始まる。
ぼくも経験豊富な
白戸さんも周りの

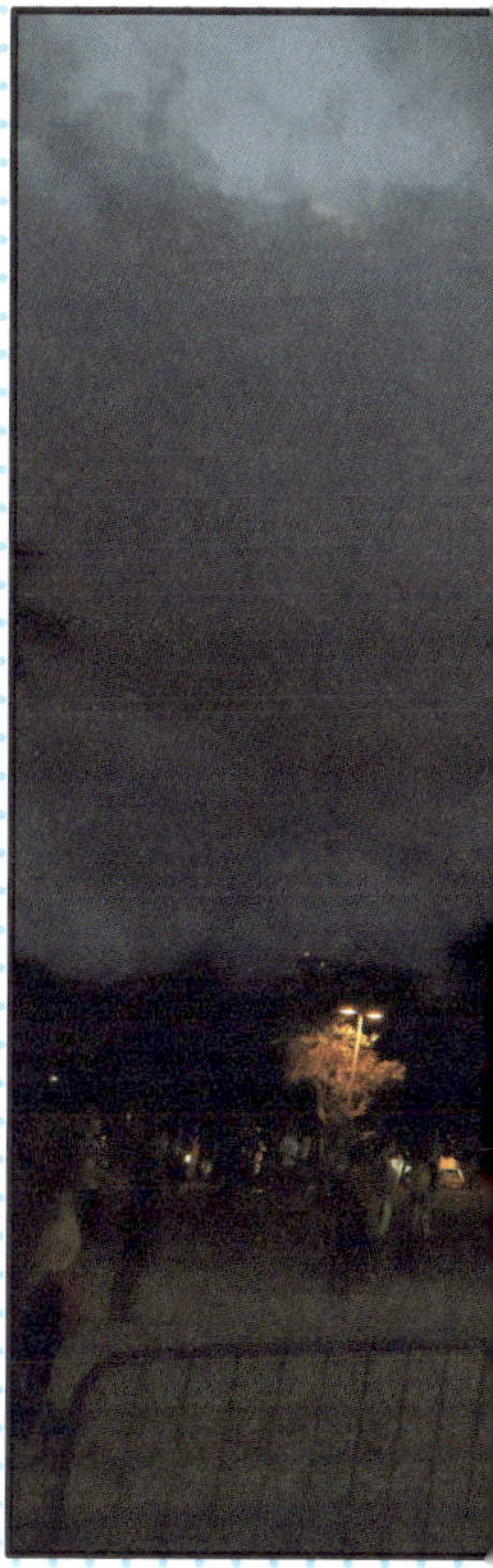

とりあえず
笑顔で！

ドキドキ…

人々も、緊張感に
包まれるひととき。

トライアスリート、奮闘中！

白戸さんの華麗なドルフィンスルー

スタートの合図が鳴り響き、参加者たちが次々と水の中に入っていく。

白戸さんはオリンピック・ディスタンスのエリート（プロ選手）で参加

ぼくが挑戦しているのはスプリント・ディスタンス。0・75kmのスイムの後は、バイクで20km、そして、ランが5km。白戸さんの「のんびりやればいい。休み休みでもいい」との教えを守り、無理せずに前へ進む。

とにかく「いま」を楽しめばいい!

完走！

走り続けるぼくの目の前に、フィニッシュゲートが小さく見えてきた。ゲートをくぐり抜けたときの感覚をぼくは一生忘れることはないだろう。すがすがしいフィニッシュ!! 心に湧き上がる達成感！

そして、完走するのを見守ってくれていた白戸さんと熱いハグ！

これまでの自分とどこかが、なにかが変わった気がする。

ATHLONIA
TRIATHLON
International Festival of Sports
1017
Finiiiii

新しい自分へ

記念のメダルを首からさげて、レース後の解放感を満喫。
家族の顔が頭に浮かんだ。来年は、家族を連れて再びチャレンジだ。
明日からの仕事を考えたとき、不思議と心が重くならない自分に気がついた。

しみるわ〜

大丈夫!
大切なのは「動く勇気」

白戸太朗（しらと・たろう）

トライアスリート、スポーツナビゲーター。アスロニア代表、東京都議会議員。1966年京都府生まれ。中央大学商学部を経て、日本体育大学大学院体育学修士。90年から18年間、プロフェッショナル・トライアスリートとして国内外で活動を展開。99年からは世界各地のアドベンチャーレースにも参加し、トライアスロンとアドベンチャーレースで数々の戦績を残す。その後ＴＶやラジオ、雑誌・講演・セミナーなどでも活躍。2008年株式会社アスロニアを設立し、トライアスロンの普及・発展に努める。主な著書に『挫けない力』（清流出版）『仕事ができる人はなぜトライアスロンに挑むのか!?』（マガジンハウス）『トライアスロンスタートＢＯＯＫ』（枻出版社）など。

大切なのは「動く勇気」
トライアスロンから学ぶ快適人生術

2018年8月5日　初版第1刷発行

イラストレーション　シライケン
撮影　小野口健太（カバー表4、表紙）、阿部健太郎（帯、P95）、うさみたかみつ（P12-13、66-67、92-93、192-207）
ブックデザイン　原田恵都子（Harada＋Harada）
取材協力　柳保幸・塩尻裕洋（一般社団法人 自転車安全利用促進協会（BiSPA））、株式会社メディロム、リラクカレッジ学院長 舘野智也、藤原まゆか・蒔田俊史（株式会社アスロニア）、春雨健太郎
編集協力　廣松正浩、宮島紘子（Transworld Japan Inc.）

著者　白戸太朗
編集　喜多布由子
発行者　佐野裕
発行所　トランスワールドジャパン株式会社
〒150-0001 東京都渋谷区神宮前6-34-15 モンターナビル
Tel: 03-5778-8599　Fax:03-5778-8743
印刷・製本　三松堂株式会社

ISBN 978-4-86256-239-5